Beschreibung des Border Collie

(in Anlehnung an den Zuchtstandard)

Körper
Der Körper ist von athletischem Aussehen mit einer tiefen, breiten Brust und gut gewölbten Rippen. Die Lenden wirken muskulös, aber nicht aufgezogen. Die Kruppe ist breit und muskulös und verläuft anmutig zum Rutenansatz.

Haarkleid
Zwei Fellvarietäten sind anerkannt, eine mäßig lange und eine stockhaarige. Beide Varianten weisen dichtes Deckhaar von mittlerer Textur und weiche, dichte Unterwolle auf. Bei der mäßig langen Fellvarietät bildet das reichliche Haarkleid Mähne (am Hals), Hosen (an den Hinterläufen) und Fahne (an der Rute) aus. An Gesicht, Ohren, Vorderläufen vom Sprunggelenk bis zum Boden sollte das Haar kurz und glatt sein.

Pfoten
Oval, mit gut gepolsterten Ballen, gewölbten Zehen und kurzen, kräftigen Krallen.

Rute
Mäßig lang, tief angesetzt, gut behaart und mit Aufwärtsschwung am Ende, der die anmutige Außenlinie und Harmonie des Hundes abrundet. Mit ihrem letzten Wirbel reicht sie mindestens bis zum Sprunggelenk. Im Erregungszustand wird die Rute höher, aber nie über dem Rücken getragen.

Border Collie

Stephen Sussam

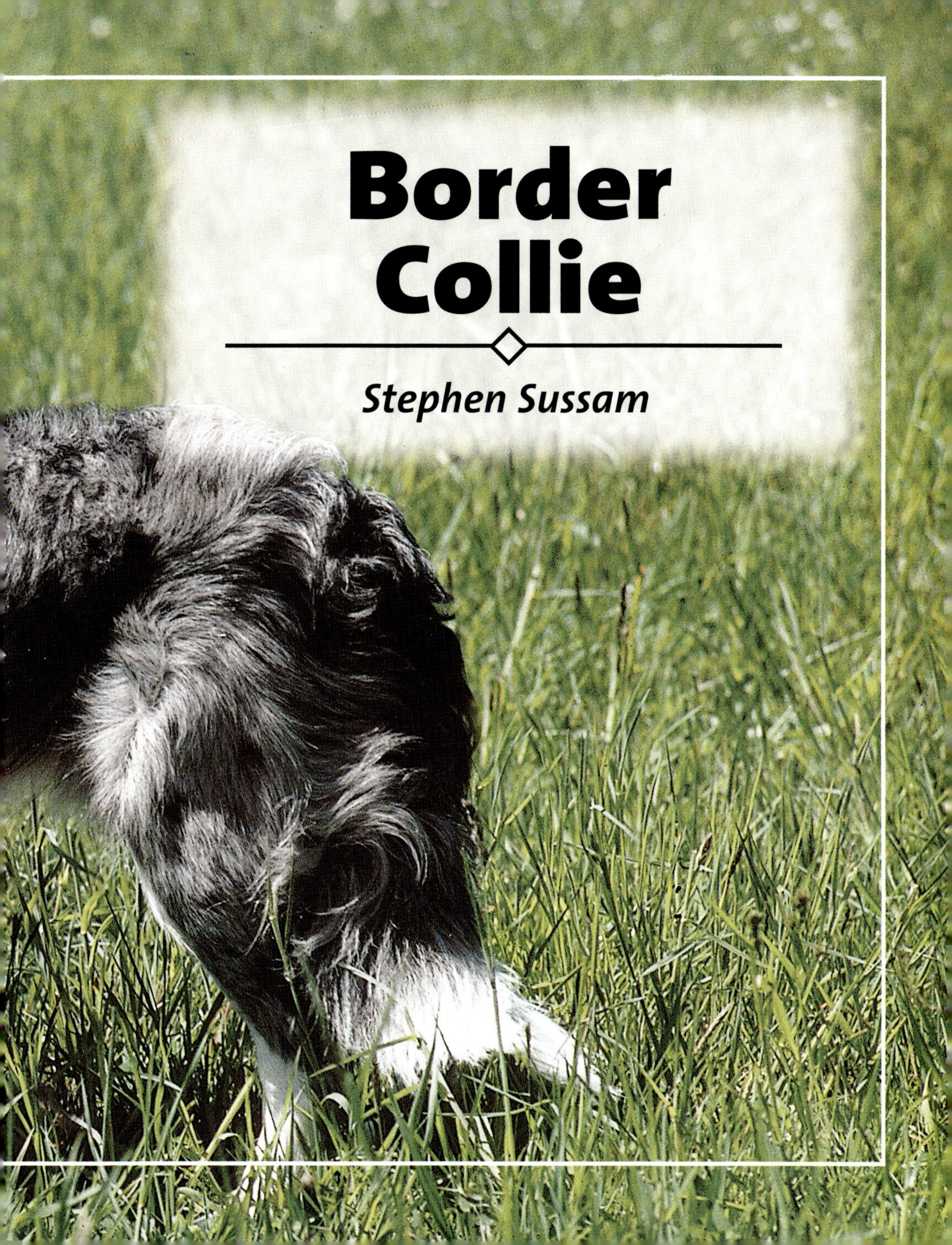

Inhalts-verzeichnis

9

Ursprung des Border Collies
Verfolgen Sie den Border Collie vom Anfang als Hütehund und seiner zunehmenden Beliebtheit rund um die Welt, als aktiver Hütehund, Begleithund, Ausstellungshund, Sporthund und als Botschafter eines freundlichen Hundes.

16

Wesen des Border Collies
Beschreibung der einzigartigen Eigenschaften des Border Collies. Seine Kraft, seine überlegene Intelligenz und seine natürliche Begabung für die Arbeit. So ein begabter Hund kann für den richtigen Eigentümer ein hervorragender Freund sein.

25

Rassestandard des Borders Collies
Lernen Sie die Zuchtanforderungen des Border Collies kennen. Studieren Sie den für diese Rasse festgelegten FCI-Standard. Ausstellungshunde sowie Vertreter dieser Rasse müssen Schlüsselmerkmale besitzen, die im Zuchtstandard umrissen sind.

29

Ihr Border Collie als Welpe
Kriterien über die Auswahl eines guten Züchters und Wahl eines gesunden Border Collie Welpen. Als Besitzer müssen Sie wissen, welche Verantwortung Sie mit der Anschaffung eines Welpen tragen.

55

Tägliche Pflege Ihres Border Collies
Informieren Sie sich über die richtige Ernährung, Pflege, Bewegung eines Border Collies. Auch das Thema einer Reise mit Ihrem Hund wird hier besprochen. Dieses Kapitel befaßt sich auch mit allgemeinen Themen der Entwicklungsstufen.

5. Auflage 2007

Bearbeitung: Regina Kossiski
Fachliche Durchsicht:
Viktoria Röntgen
ISBN-10:3-933646-56-1
ISBN-13:978-3-933646-56-9
bede-Bestell-Nr. PR 011

Fotonachweis

Norvia Behling
Carolina Biological Supply
Kent und Donna Dannen
Doskocil
Isabelle Francais
James Hayden-Yoav
James R. Hayden, RBP
Carol Ann Johnson
Dwight R. Kuhn
Dr. Dennis Kunkel
Nancy Liguori
Phototake
Jean Claude Revy
Dr Andrew Spielman
C. James Webb

Illustrationen Renée Low

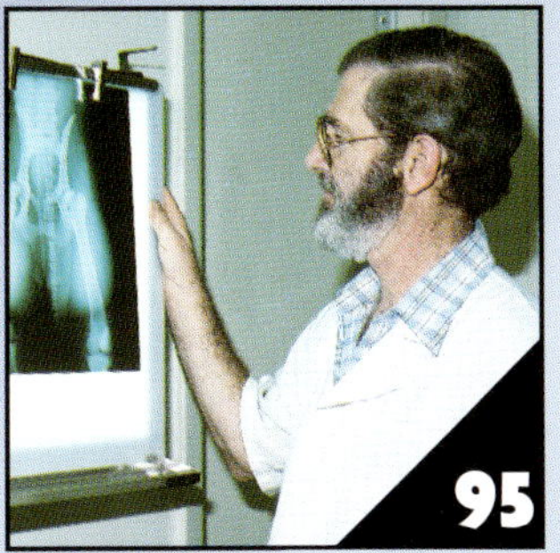

Erziehung und Ausbildung Ihres Border Collies 68
Sie werden informiert über den Stellenwert der Grunderziehung Ihres Border Collies, über seine Eingewöhnungsphase und die Entwicklung des jungen Hundes bis zur vollständigen Ausbildung inklusive Gehorsamsübungen (Sitz, Bleib, Platz, etc.).

Gesundheitsvorsorge für Ihren Border Collie 95
Die Wahl eines guten Tierarztes, allgemeine Pflege einschließlich Impfplan und Gesundheitsvorsorge sind Themen, die hier ausführlich erläutert werden. Auch Themen wie Parasitenbefall und Krankheiten bei Hunden werden hier angesprochen.

Ihr älterer Border Collie 123
Bemerken Sie die Zeichen des alternden Hundes an seinem Verhalten und seinem Befinden. Altersbezogene Verhaltensregeln, sowie Futterumstellung und besondere Pflegevorkehrungen für Ihren alternden Hund werden hier besprochen.

Ihr Border Collie als Ausstellungshund 131
Erleben Sie die Welt der Ausstellungshunde und seien Sie dabei, wie Ihr Hund zum Champion wird. Bringen Sie Ihren Hund bis zur Zuchtzulassung und absolvieren Sie mit ihm Trialprüfungen.

Index 156

Hundeverhalten verstehen 141
Lernen Sie gewöhnliches Hundeverhalten verstehen und mit Verhaltensweisen wie Aggressionen, Knabbern, Bellen, Anspringen, Graben etc. umzugehen. Dem Hund kann beigebracht werden, dieses Verhalten zu unterlassen.

Der Border Collie wird oft als „intelligentester Hund der Welt“ bezeichnet. Er kann ein wunderbarer Haushund, Bewacher und treuer Freund sein.

Der Ursprung des Border Collies

Der Border Collie ist ein arbeitender Hütehund und ist deshalb nicht unbedingt ein Hund für jedermann. In den bekanntesten Hundebüchern wird er als der Hund mit der höchsten „Arbeitsintelligenz" das heißt Abrichtbarkeit beschrieben. Ein Border Collie ist stets bereit, seinem Schäfer zu gehorchen. Ausgesprochenen Arbeitswillen zeigt er beim Zusammentrieb der Schafherden im unwegsamen Hügelland. In unserer modernen Zeit ist der Border Collie zu neuem Ruhm gekommen. Bei Gehorsams- und Agility-

Wettbewerben hat er seine Leistungsbereitschaft neu bestätigt. Die Intelligenz des Hundes und seine Bereitschaft zu gehorchen, macht ihn für den heutigen Hundeliebhaber zu einem führigen und loyalen Begleithund.
Es liegt in der Natur des Menschen, Dinge miteinander zu vergleichen. Hierzu gehören auch rassespezifische Überlegungen über den Border Collie.
Es ist die Bewunderung und Liebe zu dieser einzigartigen Rasse, die dem neuen potentiellen Eigentümer veranlaßt, sein Leben mit einem Border Collie zu teilen. Doch nicht nur Liebe und Bewunderung, auch Nutzbarkeit ist ein Grund, sich für diese Rasse zu entscheiden. Wer irgendwo auf einem Bauernhof seinen Lebensunterhalt mit Schafzucht verdient, ist auf einen arbeitsfreudigen Helfer angewiesen. Die ursprünglichen Eigenschaften des Border Collies sprechen eigentlich gegen eine Haltung als Familienhund. Der Border Collie ist ein Arbeitshund. Dafür wurde er gezüchtet. Der historische Sinn und Zweck ist, seine angeborenen Fähigkeiten zu fördern und zu festigen. Der Border Collie ist ein aktiver Hund. Wer sich also für einen Border Collie als Familienhund entscheidet, sei es aus Gründen der Bewunderung, des Nacheiferns oder falschen Snobismus, muß auch seine „praktische Seele" verstehen und einordnen.
Es liegt sehr, sehr lange zurück als ein uralter aber notwendiger Burgfriede das erste Mal den Menschen mit dem Hund zusammenbrachte. Die meisten Schriftsteller berufen sich auf die 1570 entstandene Abhandlung von Englishe Dogges durch John Cai-

Der Border Collie wird häufig in der Schafhaltung verwendet. Er wurde vor allem als „Arbeitshund" gezüchtet.

us, der den ersten Hinweis auf den arbeitenden Hütehund druckte:

„Dieser Hund, egal ob er die Stimme seines Herrn hört oder ob er nun auf Handzeichen reagiert oder dessen schrillen heiseren Pfiffe vernimmt, bringt wandernde und umherstreunende Schafe immer zu dem Platz, den sein Herr befiehlt. Der Schäfer zieht daraus seinen Nutzen. Der Hund führt die Herde mit wenig Arbeit und einfachen Bewegungen seines Körpers oder seiner Läufe und dirigiert sie in die Richtung, in die er sie haben möchte. Entweder die Schafe gehen vorwärts oder zurück, sie nehmen diesen Weg oder sie haben einen anderen zu nehmen. In England oder in Frankreich, in Flandern, in Syrien oder in Tartarien folgen die Schafe dem Schäfer. Aber hier, in unserem Land, da folgen die Schäfer den Schafen.

Die wesentlichen Merkmale des Border Collies haben sich bis jetzt nicht verändert.

Die streunenden Schafe nehmen manchmal an, selbst wenn sie zusammen in der Herde sind und kein Hund vor ihnen läuft, daß wenn sie den Schäfer pfeifen hören, der Hund in der Nähe ist. Aus Furcht vor dem Hund (so stelle ich es mir vor), erinnert sie das Pfeifen daran, (wie unlogischerweise schon berichtet wurde, daß Kreaturen ein Erinnerungsvermögen haben sollen), daß der Hund wie auch sonst gewöhnlich auf den Pfiff seines Herrn hört. Dieses haben wir oft notiert auf unseren Reisen von Stadt zu Stadt. Und immer wenn wir einen Schäferpfiff hörten, hielten wir mit dem Pferd an und suchten nach diesem Ort, um Beweise für diese Art Herdentrieb zu sehen. Weiterhin suchte der Schäfer auch mit dem Hund Schafe für das Schlachten aus und auch solche die geheilt werden mußten, weil sie krank waren. Nein, weder Verletzung noch Schmerz wurden diesen einfachen Kreaturen angetan."

Obwohl das äußere Erscheinungsbild des Hundes hier nicht beschrieben wird, entspricht die Leistung der des modernen Border Collies. Diese Leistung hat sich in hunderten von Jahren nicht geändert, weder in Hinblick auf das Schafehüten, noch auf den Border Collie selbst. Wegen seiner raffinierten Fertigkeiten als Arbeitshund wurde der Border Collie hochgeschätzt, perfektioniert, selektiert, gezüchtet und verkauft. Das Erscheinungsbild war nie ein entscheidendes Kriterium der Züchter und Besitzer dieser Hunde. Seine heutige Beschreibung weicht von der seit 1790 bekannten, nur geringfügig ab. Ein Holzschnitt aus dem Jahre 1790 aus Bewicks „History of Quadrapeds" (Geschichte der Vierbeiner), stellt einen Hütehund dar, der eine verblüffende Ähnlichkeit mit dem heutigen Border Collie hat. Natürlich ist der Hund eines Schäfers ein Hütehund und nicht automatisch ein „Collie". Obwohl der Ursprung und die genaue Bedeutung des Namens unbekannt ist, behaupten manche, daß er von dem Wort „Coley" kommt und „schwarz" bedeutet. Andere sagen, daß er von

„Coelius" kommt und „gläubig" bedeutet, während noch andere behaupten, daß der Name von „Colley" kommt und sich auf eine schottische Schafrasse bezieht. Der Begriff „Border" ist leichter nachzuvollziehen, weil er den Bereich bezeichnet, in dem die Hunde auffallend häufig eingesetzt wurden. Hier ist offenbar die walisische und schottische Grenze von England beschrieben worden. Der moderne Collie ist in

Ein „schottischer Tweed"

Der Gewinner des allerersten Hütehundtrials war ein Schäferhund aus Schottland mit dem Namen „Of Tweed". Er gehörte Jaime Thomson und gewann diesen Wettkampf in Bala, im nördlichen Wales, im Jahre 1873. Das Startgeld betrug erstaunliche 10 Pfund Sterling, eine große Summe für die damalige Zeit.

fünf separate Rassen eingeteilt worden: Der Langhaar Collie, der Kurzhaar Collie, der Sheltie, der Bearded Collie und der Border Collie.

Die Rasse wurde allgemein beliebt, als auch Königin Victoria ihr Interesse zeigte. In ihrem Besitz befanden sich mehrere Border Collies.

Ein Portrait eines ihrer Hunde aus dem Jahre 1860 zeigt Gypsie, ein überwiegend schwarzes Tier, daß heute als ein reinrassiger Border Collie bezeichnet werden würde.

Obwohl die Porträtmalerei hauptsächlich den großen Langhaar Collie zeigt, kann darauf geschlossen werden, daß der Border Collie die

Der große Collie, auch Schottischer Collie genannt, wird oft mit dem Border Collie in Verbindung gebracht. Er ist ein substanzvollerer Hund mit einem doppelten Fell und reichlicher Unterwolle.

König der Hügel

Viele Landwirte haben versucht, ihre Hunde durch mechanische Geräte zu ersetzen. Sehr oft sind die Versuche jedoch fehlgeschlagen. Jeder Schäfer wird Ihnen bestätigen, daß ein guter Border Collie sein Gewicht in Juwelen wert ist. Die Collies, die im Hügelland arbeiten, bewältigen die schwierigsten Aufgaben in dem unwegsamen Terrain. Weder Traktoren noch Motorräder können über Steine, Hügel und Flüsse agieren, wo der Border Collie aus einer kleinen Herde Schafe jedes einzelne Tier heraustreiben kann, das genauso flink und agil ist wie er selbst.

Der englische Hütehund ist ein amerikanisches Nebenprodukt des Border Collies. Er ist nicht sehr bekannt in seinem Heimatland. Der englische Vertreter ist in erster Linie ein Hütehund.

Hüter verschiedenster Tierarten

Der Border Collie konnte oft auf vielfältigste Art und Weise sein Können und die Arbeit mit Vieh unter Beweis stellen. Berichte über Border Collies als Geflügeltreiber, die erfolgreich mit Gänsen, Küken, Puten und Enten arbeiteten, erregten sehr viel Aufsehen. Einige Collies sollen den Straußen sogar die Federn gekräuselt haben. Als Vierbeiner brachte der Border Collie manchen Menschen zum Erstaunen, wenn er an Büffeln, Emu, Ziegen, Schweinen, Alpaka, Nandu, Damwild und Sitka-Rotwild seinen Hütetrieb zeigte. Gemessen an seinem angeborenen Talent könnte die Liste der zu hütenden Tiere endlos lang sein.

Ursprungsart darstellt. Hieraus entwickelten sich dann die eleganteren Rassen. Weltweit gibt es viele weitere Hunderassen, die sich aus dem Stamm der Border-Collies entwickelt haben. Hierzu zählen der Australian Kelpie und die amerikanischen Vettern, der Australian Shepherd, der Farm-Collie, der English Shepherd und der McNab. Die Geschichten dieser Kolonieverwandten sind der des Britischen Border Collie ebenso ähnlich, wie ihr Aussehen und ihre Merkmale. Die Schotten bauten mit ihren mitgebrachten Schafen die riesigen Schaffarmen auf und brachten ihre Hütehunde mit. Bei allen Collies, die im letzten Jahrhundert in diese Länder importiert wurden, handelte es sich um arbeitende Zuchthunde. Viele der arbeitenden Tiere waren nicht amtlich eingetragen, weil ihre Vorfahren ankamen, bevor es ein Register in England gab. Die Border Collies wurden nicht nach einem besonderen körperlichen Standard „geformt“. Sie wurden stets für die anfallende Arbeit gezüchtet, was auch das eigenständige Arbeiten einschließt. Obwohl man die Ahnentafeln des heutigen Border Collies auf einige hervorragende Ahnen zurückverfolgen kann, sind dann und wann auch andere Rassen einge-

Trotz seines Beinamens „australisch„ ist der „Australische Hütehund“ amerikanischen Ursprungs. Der „Australien Cattledog“ ist jedoch quadratischer, hat mehr Fell und ist leicht höher gebaut als der Border Collie.

Das Zwicken am Rind
Schlafende Kühe durch Bellen und Kläffen hochzuscheuchen, ist nicht die feine Art eines braven Border Collies. Anders als die traditionellen Cattle-Dogs, wie der Bouvier des Flandres und der Australische Cattle Dog, die die Rinder durch Bellen vor sich hertreiben, ist der Border Collie ein eher ruhiger Arbeiter.
Obwohl er heute kaum als Hütehund zum Einsatz kommt, so hat er es doch im Blut. Seine Spezialität war es aber, die Rinder mit Zwicken in die Beine vor sich her zu treiben. Heute wird dies nicht mehr so gehandhabt, weil viel zu gefährlich.

kreuzt worden. Man wollte damit die aktive Leistung verbessern. Die herausragendste Eigenschaft des Border Collies ist seine fast hypnotische Wirkung, die er mit seinen Augen ausüben kann. Der Fachbegriff hierfür ist: Der Hund „zeigt Auge". Sein fixierender Blick kontrolliert die Herde. Diese Eigenschaft ist das Erbe eingekreuzter Jagdhunde wie Setter, Pointer und Spaniel. James Hogg, der schottische Schäfer und Poet, beschrieb 1790 die Eigenschaften des „Auge zeigen". Auch heute noch wird dieses fehlgeleitete Hüteverhalten bei vielen Border Collies beobachtet.

Der im Fell etwas spärlichere Bruder des Großen Collies, der Smooth Collie oder Kurzhaar Collie, ist nicht sehr populär in Großbritannien, obwohl er gleich begabt und intelligent ist.

Ein weiteres Resultat dieser frühen Kreuzungen mit Jagdhunden, ist die gut entwickelte Fähigkeit der Spurensuche und des Apportierens. Diese Fähigkeiten sind wichtige Grundlagen bei Gehorsamsprüfungen. Manchmal allerdings ist dies für die Hunde ein Problem, wenn sie bei der Arbeit von dem Geruch eines Kaninchens abgelenkt und in Versuchung geführt werden. Dieses Verhalten ist aber nicht typisch für den Border Collie, sondern gilt für Ausbildungs- und Fährtenhunde.
Die Internationale Sheep Dog Society (ISDS) wurde 1906 ins Leben gerufen.

Der Australische Cattle Dog, stimmhafter als der Border Collie, wird oft mit dem Border Collie wegen seiner Intelligenz und natürlichen Fähigkeit verglichen.

Der Shetland Collie oder Sheltie, ein naher Verwandter des Border Collies, sieht aus wie eine kleinere Version des Großen Collies. Seine Höhe beträgt nur etwa zwei Drittel des Border Collies.

Diese ersten Besitzer und Betreuer waren bestrebt, die Rasse durch Hüteprüfungen zu verbessern und durch ein Register schützen zu lassen. In Großbritannien wurde 1951 ein erstes Zuchtbuch mit Eintragungen von über 14.000 Hunden zusammengestellt. Das Buch wächst seitdem jährlich mit über 6.000 weiteren Registrierungen an.

Heute wird der Border Collie auch im Ausstellungsring anerkannt. Während es auf der einen Seite Bestrebungen gibt, die Arbeitsfähigkeiten des Hundes stets züchterisch zu unterstützen, begibt man sich auf der anderen Seite oft auf einen

Der Border Collie ist in der Lage, mit allen auf dem Land und in der Viehzucht vorkommenden Arten von Tieren zu arbeiten.

„Amerikas Fünf"

Obwohl die Vereinigten Staaten sehr wenige eigene Rassen hervorgebracht haben (im Vergleich zu Großbritannien), ist es den Züchtern dort gelungen, fünf interessante Hütehunde, allesamt Vettern unseres Border Collie, zu züchten. Der vollständig vom Amerikanischen Kennel Club anerkannte einzige Vertreter der Rasse, ist unser erster Vetter, der Australische Schäferhund. Der „Aussie", wie er oft angerufen wird, ist ungefähr 45 bis 57 cm hoch, ein gutaussehender symmetrischer schwanzloser Lagerhund, mit einem eleganten, mittellangen Fell. Der Englische Schäferhund ist ein stämmigerer, quadratischerer Hund, als der Border Collie, von dem dieser abstammt. Diese weniger bekannten Schäferhunde entwickelten sich im Mittelwesten und Osten zusammen mit dem Farm Collie und sind fast identisch mit ihm. Die Farm Collies sind lediglich Kreuzungen von in die USA importierten Border Collies. Sie wurden für die verschiedenen Arten der Land- und Bauernhof- oder Rancharbeit verwendet. Der McNab, genannt nach seinem Importeur Alexander McNab aus Kalifornien, ist ein mittelgroßer Hund, mit einem glatten Fell und aufgerichteten Ohren. Das Fell ist wie beim Border Collie normalerweise schwarz und weiß. Der Baskische Schäferhund ist ein direkter Nachkomme vom Australischen Schäferhund. Sein äußeres Erscheinungsbild ist identisch, außer seiner beibehaltenen Rute. Im Gegensatz zu seinem schwanzlosen Bruder wird er nicht vom AKC anerkannt.

Collies mit anderen Farben

Hauptsächlich die Farben schwarz-weiß und tricolor sind in England und Irland weit verbreitet. Andere Farben gibt es natürlich auch, doch diese sind

relativ selten. In den USA jedoch, wo eine Vielfalt an Farben herrscht, neh-men andere Farben zunehmend Platz im alltäglichen Erscheinungsbild ein. So können Farbvarianten des Border Collies die Farben wie Bluemerle, Schiefergrau (oder Blau), Zobel, Lemon (Gelb), Ingwer (Rot), Rehbraun (eine helle Leberfarbe) und geschecktes Brindle (Kombination von Braun und Schwarz) umfassen. Vergessen wir auch nicht die rein weißen Border Collies, die im Gegensatz zu Großbritannien, auch in den USA gebilligt werden.

Border Collies allein zu Ausstellungszwecken zu züchten, bedeutet, man verhindert, die Fähigkeiten des Hundes auszuleben.

schmalen Grat. Durch Selektion von Showpotential auf die eigentlichen Fähigkeiten des Border Collies zu verzichten, indem man diese Hunde keinen Arbeitsprüfungen mehr unterzieht.

„Das Auge" - daran liegt es!

Border Collies besitzen eine einzigartige Fähigkeit, die Herde mit ihren Augen zu dirigieren. Dieses Fixieren eines Schafes, um es zu bewegen, nennt man „Strong Eye„. Man glaubt, daß dies aus Einkreuzungen von Jagdhunden von vor vielen Jahren erhalten blieb. Während sich andere Hütehunde bellend und manchmal auch zuschnappend sich bemühen die Herde zusammenzuhalten, verfolgt der Border Collie seine anvertraute Herde lediglich mit einem undurchdringlichen starren Blick, um sie zu kontrollieren und zu treiben.

Charaktereigenschaften des Border Collies

Nicht allein beim Schafehüten wird der Border Collie eingesetzt, auch bei der Rinderhaltung verrichtet er gute Dienste.

Die Charakterbeschreibung des Border Collies wird hier ganz auf den eigentlichen Sinn und Zweck der Rasse bezogen und hat eine spezielle Bedeutung für Besitzer aktiver Border Collies. Der normale Hundehalter sollte die über lange Zeit entwickelten, charakteristischen Wesenszüge seines Hundes erkennen und als Beweis vorhandener Instinkte in seinem Haustier sehen. Für Landwirt und Schäfer sind bestimmte Definitionen bezüglich der Eigenschaften des Border Collies sehr gebräuchlich und erfordern im Gegensatz zum „Haustier-Hundehalter" keinerlei besondere Erklärungen.

Eigenschaften eines erstklassigen Border Collie

- Eine natürliche Ausdrucksform, wenn nicht sogar eine überragendere.
- Ausgezeichnetes weitreichendes Auge, um Schafe zu dirigieren und zu kontrollieren.
- Kräftig genug, um mit dem gesenkten Kopf ein einzelnes Schaf zurückzuleiten, ohne es zu hetzen oder zu beißen.
- Intelligenz, um notfalls Eigeninitiative zu ergreifen.
- Veranlagung zur Ausbildung und Korrektur ohne sich zu widersetzen, zu knurren oder davonzulaufen.

Erläuterungen zum Hüteverhalten des Border Collies

Outrun

Der Border Collie darf nicht einfach Schafe jagen. Er soll in der Lage sein, sie zu wenden und zu leiten. Der Hund läuft nicht direkt auf geradem Weg zur Herde hin. Er läuft weit hinaus, umrundet alles und sammelt die Schafe. Ein Hund mit gutem Outrun weiß, wie die korrekte Entfernung zwischen sich und den Schafen zu halten ist, so daß die Schafe weder unnötig unter Streß gesetzt werden, noch den Hund ignorieren können. Erwünscht ist ein ruhiges, kontrolliertes Aufnehmen der Schafe (Lift) und ein stetiges Treiben ohne Hektik (Pacing).

Eye = Auge (Starrer Blick)

Das sogenannte „Auge" (Eye genannt) ist eines der einzigartigsten Qualitäten der Border Collies und der interessanteste Instinkt Ihres Hundes. Es ist

Sein „Auge" weist auf die einzigartige Qualität des Border Collies hin. Dieser Hund nähert sich dem Schaf mit dem charakteristischen starren Blick, sein Kopf senkt sich dabei stets in tiefer Haltung.

ein Attribut, das über viele Generationen im Tier manifestiert wurde. Der Hund starrt das Schaf an und hält es in Position. Der Border Collie steht gebannt, mit dem Körper und Kopf tief gebeugt, ähnlich wie Jagdhunde, wenn diese auf Wild zeigen (point). Diese Fähigkeit ist in der Tat auf seine jagdlichen Vorfahren zurückzuführen. Hunde mit einem sehr ausgeprägtem starren Blick können eine kleine Herde Schafe im Freien zusammen halten, ohne sich selbst dabei viel zu bewegen.

Power (Autorität)

Power ist eine ziemlich undefinierbare Fähigkeit eines hervorragenden Hundes. Es heißt, über Schafe zu dominieren und sie zu beherrschen, ohne aggressives Bellen und ohne sie zu beißen. Ein Hund mit Power hält die Autorität über seine Herde ohne diese zu erschrecken.

Arbeitsintelligenz (Verstand)

Die Intelligenz des Border Collies kann nicht mit der des Menschen verglichen

Arbeitsgebiete

Die übliche und eigentliche Beschäftigung für den Border Collie ist die Arbeit auf dem Lande bei der Nutzviehhaltung. Hier werden diese stillen, fast lautlos arbeitenden Hunde in ihrer Heimat in folgenden Kategorien kurz beschrieben:

- Arbeiten mit Hochlandschafen
- Arbeiten mit Schafen im Flachland
- Arbeiten mit Milchkühen
- Arbeiten mit Zuchtrindern
- Arbeit auf großen Viehtrieben mit Rindern (als Viehtreiber beim Händler)
- Arbeiten beim Schafeverladen und der Schafregistrierung
- Arbeiten im Gehege oder auf dem Hof (Schafscherer, beim Händler oder Schafaufkäufer)

Die Einteilung in diese Kategorien ist aus offensichtliche Gründen bei uns kaum üblich. Trotzdem ist der Border Collie fähig dazu diese vielfältigen Tätigkeiten zu erlernen.
Er muß sich, dank seiner Anpassungsfähigkeit, nicht nur auf eine Tätigkeit spezialisieren.

werden. Sie ist so eng mit dem Instinkt zu arbeiten und dem Bestreben stets zu erfreuen verbunden, daß sie nicht so einfach aus dem Kontext heraus beschrieben werden kann. Beim arbeitenden Hund wird die Intelligenz nicht anerzogen, sie ist angeboren. Denn wenn eine Aufgabe verlangt wird, so schließt das auch selbständiges Ent-

Der stärkste hineingezüchtete Instinkt eines Border Collie ist der Wunsch zu arbeiten.

scheiden mit ein, dafür wurde der Hund gezüchtet. Das Festhalten an einer funktionellen und praktikablen Hierarchie ist eine erstaunlich klare Sache, aber aus menschlicher Sicht doch sehr rätselhaft.

Temperament

Der Arbeitswille des Border Collies ist das Resultat von Jahrhunderte langer Entwicklung und Dominanz. Solche Hunde können frustriert und zerstörerisch werden, wenn sie sich in einer Umgebung wiederfinden, in der es für sie nichts zu tun gibt. Aus diesem Hund wird nicht immer ein gutes Haustier. Dennoch kann der rücksichtsvolle Besitzer diese instinktgebundenen Schwierigkeiten durch sorgfältige Ausbildung überwinden. Sein Border Collie wird zu einem funktionellen und wichtigen Teil der Familie.
Der Schutz seiner Menschenfamilie oder deren Grundbesitz, ist ebenfalls eine anspruchsvolle Arbeit. Das wichtigste für den Hund ist es aber, daß er beteiligt, mit Aufgaben betraut und aktiv gehalten wird. Ein Bauernhof hat danach aller Wahrscheinlichkeit nach mehr Abwechslung zu bieten, als eine durchschnittliche, wetterempfindliche, moderne Vorortfamilie.
Für den aktiven Hund ist die Arbeit Lebensaufgabe. Bei dem normalen Haushund führt die ererbte Arbeitsfreude häufig zu neurotischen Erscheinungen. Nervosität ist das am häufigsten auftretende Persönlichkeitsproblem beim Border Collie. Es ist nur ein schmaler Grad zwischen dem empfindlich, sensiblen, aufmerksam arbeitenden Tier und dem, das Nervosität zeigt. Der Unterschied liegt dabei in der natürlichen Umgebung und in der Beschäftigung. Trotzdem liegen diese Faktoren sehr nahe beieinander.
Allein die so stark instinktgebundene Bereitschaft zum Gehorsam, läßt außer Frage, daß es sich wirklich lohnt, den Border Collie korrekt und intensiv auszubilden. Kein Hund lernt schneller als er und setzt das Erlernte so sicher um. Erinnern Sie sich daran, daß Ihr Border Collie Ihnen stets gefallen und gehorchen möchte! Haben Sie immer viel Geduld und seien Sie sanft und freundlich zu dem Hund, auch wenn manche Übungen nicht auf Anhieb gelingen. Grobe Lernmethoden können Gehorsamsverweigerung nach sich ziehen und das Erlernte ist mit Sicherheit beim Hund bald vergessen.
Es ist wohl unnötig zu erwähnen, daß tägliche Beschäftigung von großer Wichtigkeit für das Wohlergehen und die geistige als auch körperlich Entwicklung Ihres Border Collie ist. Denken Sie nur nicht, daß ein einmaliger täglicher Spaziergang an der Leine für

Besondere Namen?

Man achtet darauf, einem Border Collie einen bestimmten Namen zu geben, der seinem Aussehen entspricht. Während für einen Haushund irgendein Name gut erscheint, gibt es ein stilles Übereinkommen in der Benennung von aktiven Hunden. Der Name sollte kurz sein, einfach zu erklären und im Arbeitsumfeld des Schäfers oder Viehzüchters unverkennbar gehört werden können. Klassische und beliebte Namen für Rüden sind Ben, Lad, Roy und Cap.
Für Hündinnen sind es Nell, Meg und Jess. Natürlich gibt es noch viele Namen mehr.

Ihren Hund ausreicht! Sie müssen ein sicheres Gelände finden (wie Ihr umzäunter Garten es sein könnte) in dem der Hund frei umherlaufen kann. Sollte dieser Bewegungsdrang einmal zu kurz kommen, wäre ein neurotisches Verhalten vorprogrammiert und Ihr Hund würde sehr unglücklich werden. Ist Ihr Hund außerhalb des Hauses untergebracht worden, werden sie beobachten können, daß sich Ihr Freund mehr auf dem Dach seiner Hütte befindet, als in seiner umschlossenen sicheren Behausung. Durch die erhöhte Stellung behält er stets den Überblick über seine Umgebung.
Die Tatsache, daß Gehorsam eine solch starke Instinkthandlung ist, macht das Training mit dem Border Collie wirklich angenehm. Der Hund lernt schneller und behält intensiver was er gelernt hat. Sie sollten sich jedoch stets in Erinnerung rufen, daß Ihr Border Collie darauf bedacht ist, zu gefallen. Somit ist er auch über seine Fehler enttäuscht und Sie sollten ihn sanft aber konsequent erziehen.
Auch Scheuheit kann als Veranlagungsfehler gelten. Ebenso verhält es sich, wenn Ihr Hund stets „eingeschnappt" scheint. Solche Verhaltensweisen können das Training äußerst schwierig gestalten. Wieder sind diese Fehler auf die tief verwurzelten Instinkte des Hundes zurückzuführen: Diese Hunde können nicht ertragen, ihren Meister zu enttäuschen oder zu mißfallen. Die Hunde sind von jeher dafür gezüchtet worden, für jeden zu arbeiten, der ihnen eine Aufgabe gibt. Er geht mit jedem gern, der ihm genug „Action" bietet. „Ein-Mann-Hunde" sind unüblich und unerwünscht! Daraus folgt, daß die meisten Border Collies als Wachhunde völlig ungeeignet sind.

Border Collies sind erfolgsorientiert und möchten gefallen.

Ihnen wurde die Aggressivität gegen Fremde züchterisch genommen.
Es ist besonders wichtig, das Wesen des Border Collies beim Training mit einzubeziehen. Dies schließt auch seine speziellen Rasseeigenschaften mit ein. Tägliche Spaziergänge können sein Bewegungsbedürfnis nur ergänzen. Ihm sollte ein sicherer Freiauslauf zugänglich sein. Jede Einschränkung seines Bewegungsdranges würde einen neurotischen, unglücklichen Hund hervorbringen. Langeweile und frustrierte, eingeschränkte Hüteinstinkte können Ihren Hund veranlas-

sen, sich einem nicht ganz ungefährlichem Verhalten hinzugeben. Das Hinterherjagen von fahrenden Autos wird ziemlich häufig bei Haustieren ohne richtige Aufgabe gesehen. Die Kombination des instinktiven „Auges“ und dem „Outrun“ ist die maßgebliche Ursache bei der Verfolgung von Autos im öffentlichem Verkehr und hauptsächlich dann auch für den Tod von Hunden dieser Rasse verantwortlich. Ausreichende Bewegung und gute Erziehung vermindern diese Gefahr, aber sie verhindern sie nie ganz.

Selbst wenn Ihre Border Collie gut ausgebildet ist, ist es immer noch notwendig, ihn in offenen Bereichen an der Leine zu führen und ihn nur dann frei laufen zu lassen, wenn er sich in sicheren oder umzäunten Arealen befindet.

Eine kurze Notiz über die Gesundheit...

Der bekannteste Erbfehler des Border Collies ist die Progressive Retina Atrophie (PRA), die auch als Nachtblindheit bekannt ist. Weil diese Krankheit von einem rezessiven Gen vererbt wird, ist ihre züchterische Bekämpfung sehr schwer. Eine Diagnose ist wegen der Veränderung der Krankheit oft ungenau. Einige Hunde werden nie völlig blind, während andere im Alter von drei oder vier Jahren davon betroffen sind. Die beim Schottischen Collie vorkommende Augenanomalie, (CEA), trifft man beim Border Collie dagegen relativ selten an. Hüftgelenksdysplasie kommt ebenfalls beim Border Collie vor. Obwohl diese bei Hunden, die nicht zur Arbeit gebraucht werden, oft nicht bekannt wird.

Erscheinungsbild des Border Collies

Es gibt eine Vielfalt von äußeren Erscheinungsbildern der Border Collies. Das ist das Ergebnis der Einstellung seiner Züchter, die Fähigkeiten des Tieres zu fördern und nicht unbedingt auf einheitliches Aussehen des Tieres zu achten.

Der moderne Rassestandard berücksichtigt die praktische Natur des Tieres und erlaubt deshalb außergewöhnliche Vielfalt in Farbe, Größe und Fell, während eines allem vorangestellt wird - die Gesundheit.

An der Kopfform sollte man auf den ersten Blick die Rasse des Collies erkennen. Der klassische Kopftyp ist ein geformter Keil. Die Ohren dürfen aufrecht stehen, abgeknickt sein oder flach anliegen. Die Augen sollten im all-

Ein Border Collie zwickt das Pferd in seine Hacken, wobei er eine geschützte Position einnimmt, um keine Tritte des Pferdes einstecken zu müssen.

gemeinen braun sein, obwohl blaue Augen ziemlich häufig vorkommen.

Der Körperbau ist in Verbindung mit der Aufgabe des Hundes ein äußerst wichtiges Merkmal. Der Hund arbeitet mit seinem Kopf oft in tiefer Haltung und daher ist ein langer Hals für das Gleichgewicht notwendig.

Schultern sollten gut zurückgestellt sein, um schnell Geschwindigkeit zu erreichen und dann bei plötzlichen Stops nicht störend wirken.

Lange Beine und eine tiefe, breite Brust deuten auf ein schnelles Laufen, ebenso wie auf eine große Lunge und ein starkes Herz hin. Länge in der Hinterhand und den Hüften ist gleichbedeutend für Stehvermögen und Grazie. Die Rute sollte tief getragen werden. Einige Vor- und Nachteile bestimmter Fellarten werden hier auch von der praktischen Seite kurz betrachtet. Hunde mit wolligem Fell haben Nachteile im Feld und bei schlechtem Wetter. Es klebt zusammen, Kletten, Schlamm und Schnee sammeln sich auf Bauch und Beinen oder kleben zwischen seinen Fußballen. So ein Fell lädt Flöhe ein, fördert Hautprobleme und erzeugt bei Nässe einen unangenehmen Geruch. Das Haar sollte daher glatt und von harter Struktur sein.

Die häufigste Farbe heutiger Border Collies ist schwarz und weiß. Die Verteilung der Fellfarbe kann nach jedem Muster erfolgen, aber schwarze Dominanz wird hier bevorzugt. Tricolor (schwarz, weiß und gelbbraun) kommt am häufigsten vor. Variationen brauner Färbung von gelblichem Rotbraun bis zu Leberfarben werden ebenso gesehen, wie Grau und Blau, Rot und der Merlefaktor. Während alle Farben und Muster anerkannt sind, haben weiße Markierungen mehr einen praktischen Wert, weil sie dem Schäfer und Landwirt helfen, den Hund im Feld ausfindig zu machen. Dennoch sollte das Weiß nicht überwiegen.

Natürliche Neigungen und Aktivitäten

Die instinktiven Fähigkeiten der Border Collies sind vielen anderen Aktivitäten angepaßt worden, nicht nur beim Schafehüten oder als aktiver Helfer in der Landwirtschaft. Eine sehr bekannte Aktivität oder Sportart ist der Hüte-Trial. Obwohl Trials nicht alle Aspekte der Hütefähigkeit des Border Collies widerspiegeln, dominieren diese Prüfungen bei dieser Rasse. Hüteprüfungen begannen erstmals im Jahre 1873, als neuer Weg die umfangreichen

Border Collies arbeiten hart. Deshalb müssen sie auch ausruhen, um neue Kraftreserven aufzutanken.

Hütefertigkeiten des Border Collies zu berücksichtigen. Alles in allem galt es, die hart erarbeiteten Fertigkeiten des im Farmbereich eingesetzten Hundes vorzuführen und dessen Vorzüge herauszustellen.

Heute ist es Ziel der „International Sheep Dog Society“, die Rassen der aktiv für die Hütearbeit eingesetzten Hunde, zu unterstützen, zu verbessern und zu fördern.

Die Aufgaben sind grundsätzlich:

- „Outrun“ (Hinauslaufen)
- „Lift“ (Aufnehmen)
- „Fetch“ (Holen)
- „Drive“ (Quertreiben im Dreieck)
- „Shedding“ (Abtrennen markierter Schafe)
- „Pen“ (Einpferchen)

Bei Internationalen oder Fortgeschrittenen-Prüfungen wird das Aufgabenfeld noch erweitert.

Bewertungskriterien sind:

1. Ruhiges Handling der Schafe
2. Präziser Gehorsam des Hundes
3. Stil des Hundes
4. Erfüllen des vorgesehenen Parcours
5. Erfüllen des Zeitlimits

Erweiterungen sind:

1. „Double-gather“: Der Hund muß eine zweite Schafgruppe holen.
2. „Maltese Cross“: Treiben durch ein „Malteserkreuz“ = Sortieranlage
3. Verladen auf Viehhänger
4. „Single“: Abtrennen eines einzelnen Schafes

Obedience und Agility sind zwei Bereiche, in denen der Border Collie herausragt. Beide Arten dieser Konkurrenz

Einen Border Collie auszubilden lohnt sich. Intelligenz, Trainingswillen und die Bereitschaft des Border Collies zu gefallen, haben ihn als Haustier und Begleiter sehr beliebt gemacht.

werden von dieser Rasse dominiert. Die Prüfungen erfordern den instinktiven Gehorsam und die natürliche Beweglichkeit des Border Collies. Wenn Sie einmal diese Prüfungen beobachtet haben, werden Sie bemerken, daß stets sehr viele Border Collies anwesend sind....und sie sind stets sehr gut.

Eine Beziehung dieser Tests zur tatsächlichen Arbeit, für die diese Border Collies eigentlich bestimmt wurden, ist schwer zu erkennen. Sie bieten aber einen willkommenen Anlaß für den normalen Haushund und seinem Halter den Ausbildungsstand zu zeigen.

Border Collies werden manchmal sogar als Blindenhunde verwendet. Für diese Aufgabe verwendet man Collies, die sehr häufig mit Labrador oder Golden Retriever gekreuzt wurden. Reinrassige Border Collies sind im allgemeinen zu schnell und zu plötzlich in ihren Bewegungen.

Border Collies eignen sich ideal als Rettungshund für Trümmer, Fläche und Wasser, da sie die ideale Statur dafür haben. Sie sind sehr ausdauernd und triebsstark in der Suche (hohe Motivation) und stets menschenfreundlich.

Für den zufriedenen Hund, den richtigen Besitzer

Also am Ende kommen wir zu unserer Anfangsüberlegung zurück, der menschlichen Natur. Kann der normale Hunde- oder Haustierhalter den Erfordernissen seines Border Collies gerecht werden und zwischen den Instinkten des Tieres und seiner jetzigen Umgebung einen Kompromiß finden? Wenn ja, dann kann dieser gekonnt konstruierte, aktive Hund ein vergnügtes Haustier werden. Wie bei jeder anderen Rasse auch, kommt man zu der Feststellung: Nur glückliche Besitzer haben auch glückliche Haustiere.

Das Anstarren (face-off). Border Collies sind Experten in Magnetisieren anderer Tiere mit ihrem starren Blick.

Zuchtstandard des Border Collies

Während die vielversprechenden Talente des Border Collies nicht auf den bekannten Hundeausstellungen gezeigt werden können, gibt es eine andere Arena, in der die Qualitäten der Rasse ausgestellt werden. Es wird von einigen Rasseexperten sogar befürchtet, daß diese Schönheitsausstellungen eine Gefahr für die sorgfältig gezüchteten Instinkte der Border Collies bedeuten. Die Begeisterung für Hundeausstellungen ist bei anderen arbeitenden Hunderassen schon so weit gekommen, daß der Hund selbst nur noch eine Karikatur seines früheren Nutzen geworden ist. Die Internationale-Sheep-Dog-Society, die jedes Jahr mehr als 6.000 Border Collies in das Register einträgt und der englische Kennel Club, der 1976 die Rasse anerkannt und ihr 1986 die Berechtigung für die Teilnahme am Championat erteilt hat, teilen diese Befürchtungen.

Um sich für den Titel des Champions zu qualifizieren, muß ein Border Collie nicht nur im Showring gewinnen. Er muß auch beweisen, daß er mit Schafen arbeiten kann. Hütehunde, die in der Offenen Klasse für Hüte-Trials eingeordnet werden oder für das Nationale oder Internationale Trial starten, sind von dieser Sonderprüfung befreit. Der schriftlich wiedergegebene Rassestandard beschreibt den idealen Vertreter einer Rasse. Er wird von Richtern und Züchtern gleichermaßen verwendet, um die relativen Leistungen und Fehler der Hunde zu bestimmen und zu erkennen. Zur richtigen Definition müssen im Standard alle Körperteile beschrieben werden. Unter Berücksichtigung der Arbeitseigenschaften gilt es, die Vorteile aller körperlichen Merkmale zu erkennen. Die Standardkomission für den Rassestandard des Border Collies bemüht sich darum, die aktiven Merkmale der Rasse herauszustellen. Ob diese Einstellung so bleibt und weiterhin vorherrscht, ist die Aufgabe eines jeden wahren Liebhabers der Rasse. Während den Zuchtlinien der arbeitenden Border Collies unterschiedliche

Der Hütehunde-Wettbewerb

Bei diesem Wettbewerb durchläuft der Border Collie einen Parcour in sechs unterteilten Abschnitten in einer vorgegebenen Zeit. Der Hütehund-Wettbewerb umfaßt untenstehende Aufgaben, die in den einzelnen Klassen variieren. Die Parcourgestaltung richtet sich nach dem jeweiligen Gelände. Jedem Lauf ist eine bestimmte Punktzahl zugeteilt. Folgendes muß bewältigt werden:

Der Outrun – Hinauslaufen zum Einholen der Schafe in einer Distanz von 300m.

Der Lift – das Aufnehmen und das Bewegen der Schafe.

Der Fetch – das Holen der Schafe zum Schäfer.

Der Drive – das Treiben vom Schäfer weg.

Der Shed – das Trennen der Schafe in zwei Gruppen.

Der Pen – das Einpferchen.

Bedeutung beigemessen wird, bei denen Gebäude und Statur nicht ganz so wichtig sind, wie die Leistung, versuchen die Züchter dennoch einen gutaussehenden, harmonischen Hund mit herausragenden Arbeitsfähigkeiten zu züchten.

Der Zuchtstandard des Border Collies

Äußeres Erscheinungsbild
Gut proportioniert, weiche Außenlinie die Qualität aufweist, Grazie, perfekt ausbalanciert, kombiniert mit ausreichender Substanz, um den Eindruck der Ausdauer zu erwecken. Jede Tendenz zur Grobheit oder andere Abweichungen sind unerwünscht.

Wesen
Aufgeweckt, aufmerksam, führig und intelligent, weder nervös noch aggressiv.

Kopf und Fang
Schädel ziemlich breit mit ausgeprägtem Stop. Die Nase ist schwarz, bei braunen oder schokoladenfarbenen Hunden darf sie braun sein. Bei blauen Hunden sollte sie schieferfarben sein. Die Schnauze ist mäßig kurz und kräftig ausgebildet.

Augen
Weit auseinander gesetzt von ovaler Form und mittlerer Größe. Augenfarbe braun, bei Blue-merles dürfen ein Auge oder beide Augen blau sein. Der Ausdruck ist sanft, aufgeweckt, aufmerksam und intelligent.

Ohren
Von mittlerer Größe und Textur, weit auseinanderstehend, aufrecht oder halb aufrecht getragen und ausdrucksvoll beweglich.

Gebiß
Die Zahnreihe zeigt ein perfektes Scherengebiß, bei dem die Schneidezähne des Oberkiefers knapp über die des Unterkiefers greifen.

Hals/Nacken
Von guter Länge, kräftig und muskulös, leicht gewölbt und zu den Schultern sich verbreitend.

Vorhand
Die Vorderläufe sollen von der Front aus gesehen parallel stehen, die Vordermittelfüße von der Seite betrachtet etwas schräg. Die Knochen kräftig, aber nicht schwer. Die Schultern zurückliegend, die Ellenbogen nahe am Körper.

Körper
Der Körper ist von athletischem Aussehen mit einer tiefen, breiten Brust und gut gewölbten Rippen. Die Lenden wirken muskulös, aber nicht aufgezogen. Die Kruppe ist breit und muskulös und verläuft anmutig zum Rutenansatz.

Hinterhand
Breit, muskulös, im Profil anmutig zum Ansatz der Rute geneigt. Die Oberschenkel lang, tief und muskulös mit gut gewinkelten Kniegelenken und kräftigen, tiefgesetzten Sprunggelenken. Vom Sprunggelenk zum Boden sollen die Hinterläufe gut knochig sein und von hinten betrachtet parallel stehen.

Kopf
Relativ breiter, quadratisch wirkender Schädel ohne jeden Vorsprung am Hinterhauptstachel. Schädel und Fang sollten ungefähr in der Länge gleich sein.

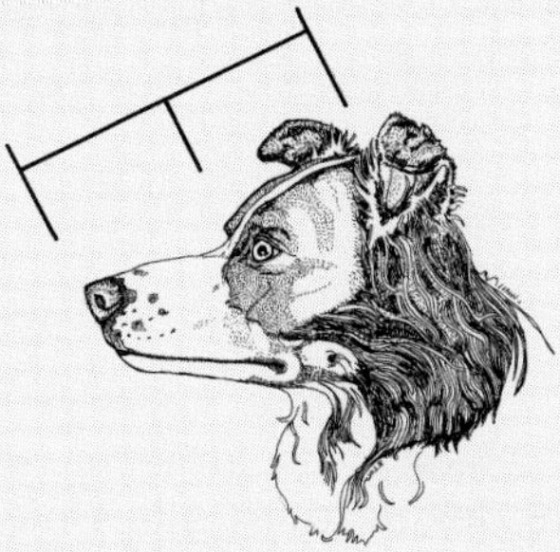

Körper
Sportlich in der Erscheinung. Mäßig langer Rumpf, rechteckig, mit gut gerundeten Rippen und ziemlich breiter und tiefer Brust. Rücken fest, gegen die Lenden leicht ansteigend. Der Körper sollte leicht länger als hoch (links), jedoch nicht rechtwinklig (rechts) sein.

Ohren
Mittelgroß, nicht zu hoch angesetzt und halb aufrecht getragen (links), nicht zu groß oder zu eng zusammen (rechts).

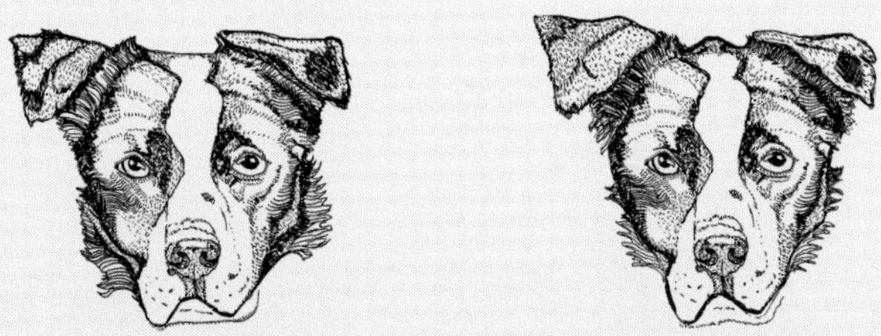

Brust
Die Brust sollte tief und breit sein und die Lenden tief, muskulös (links) und nicht zu schwach sein (rechts).

Rute
Tief angesetzt, gut behaart und mit dem letzten Wirbel bis zum Sprunggelenk reichend (links), niemals über den Rücken getragen (rechts).

Pfoten
Oval, mit gut gepolsterten Ballen, gewölbten Zehen und kurzen, kräftigen Krallen.

Rute
Mäßig lang, tief angesetzt, gut behaart und mit Aufwärtsschwung am Ende, der die anmutige Außenlinie und Harmonie des Hundes abrundet. Mit ihrem letzten Wirbel reicht sie mindestens bis zum Spunggelenk. Im Erregungszustand wird die Rute höher aber nie über den Rücken getragen.

Gangwerk/ Bewegung
Frei fließend und unermüdlich, wobei die Pfoten möglichst wenig abgehoben werden, damit sich der Hund fließend und mit großer Geschwindigkeit bewegen kann.

Haarkleid
Zwei Fellvarietäten sind anerkannt, eine mäßig lange und eine stockhaarige. Beide Varianten weisen dichtes Deckhaar von mittlerer Textur und weiche, dichte Unterwolle auf. Bei der mäßig langen Fellvarietät bildet das reichliche Haarkleid Mähne (am Hals), Hosen (an den Hinterläufen) und Fahne (an der Rute) aus. An Gesicht, Ohren, Vorderläufen (ausgenommen Federn) und Hinterläufen vom Sprunggelenk bis um Boden sollte das Haar kurz und glatt sein.

Größe und Gewicht
Idealhöhe: Rüden 53 cm, Hündinnen etwas weniger.

Anmerkung
Rüden sollten zwei offensichtlich normal entwickelte Hoden aufweisen, die ganz in den Hodensack abgestiegen sind.

Beim Border Collie wird eine große Vielfalt an Farben und Abzeichen akzeptiert. Auch ein Hund mit großen weißen Flächen wird akzeptiert, solange das Weiß nicht die Grundfarbe darstellt.

Der Border Collie Welpe

Wo sollen wir anfangen?

Wenn Sie überzeugt sind, daß der Border Collie der ideale Hund für Sie ist, wird es nun Zeit, sich zu erkundigen, wo man einen Welpen finden kann und worauf man dabei achten muß. Für einen zukünftigen Besitzer sollte es nicht schwer sein, einen Wurf Border Collies ausfindig zu machen. Sie sollten sich nach Züchtern in Ihrer Gegend erkundigen, die einen guten Ruf in der Border Collie Zucht haben. Dann suchen Sie einen etablierten Züchter mit hervorragender Hundemoral und einem starken Engagement für die Rasse aus. Für besondere Empfehlungen erkundigen Sie sich bei überregionalen Hundeverbänden wie dem VDH. Neue Besitzer haben ebenso viele Fragen, wie sie Zweifel haben. Ein etablierter Züchter der Ihre vielen Fragen zu beantworten weiß und Ihnen bei Ihrer Auswahl des Border Collies zur Seite steht, ist wirklich der Richtige. Ein verantwortungsvoller Züchter entscheidet auch, ob Sie ein passender Eigentümer seiner Hunde sind. An einen ehrlichen Züchter können Sie sich zu jeder Tageszeit wenden, um sich Rat zu holen, falls es einmal nötig sein sollte. Ein angesehener Züchter wird auch ohne viel Fragen, den Welpen zurück nehmen, sollte Sie zu dem Entschluß gekommen sein, daß es doch nicht der richtige Hund für Sie ist.

Bedenken Sie bei der Wahl eines Züchters, daß der Ruf viel wichtiger ist, als vielleicht ein kurzer Anfahrtsweg. Lassen Sie sich nicht übermäßig von großen Anzeigen oder Offerten im Annonceteil Ihrer Zeitung beeindrucken, in der Welpen angeboten werden, deren Elterntiere phantastische Champions aus aktiven Linien sein sollen. Die wirklichen Qualitätszüchter sind eher ruhig und bescheiden. Von ihnen hören Sie auf Hundeprüfungen (Hüte-Trials) und auf Ausstellungen allein nur vom Hörensagen.

Während gesundheitliche Aspekte des Border Collies nicht annähernd mit der Wichtigkeit behandelt wer-

Wußten Sie schon?

Die Wahl Ihres Welpen sollte sich nach Ihren Bedürfnissen richten. Ein Showhund oder ein Familienhund? Sie haben die Wahl. Jeder Welpe sollte jedoch einen vorzüglichen Charakter vorweisen.

Obwohl bei Show-Qualitätswelpen großen Wert auf das Gebäude gelegt wird, streben verantwortliche Züchter stets eine gute Veranlagung an. Kaufen Sie nie einen Hund bei einem Züchter, der das Aussehen des Hundes seiner Veranlagung und seinem Charakter vorzieht.

den, wie es bei anderen Rassen der Fall ist, so ist doch die Sozialisierungsphase eine der wichtigsten Aufgaben des Züchters. Da die Veranlagung der Border Collies innerhalb der verschiedenen Zuchtlinien sehr variieren kann, ist eine vernünftige Sozialisierung die sicherste und beste Art, um einen Hund mit einer korrekten und stabilen Persönlichkeit zu bekommen. Die Auswahl eines Züchters ist der erste wichtige Schritt, um einen eigenen Hund zu bekommen. Glücklicherweise widmet sich die Mehrheit der Züchter des Border Collies der Rasse und ihrem guten Wesen. Angehende neue Besitzer werden Probleme haben, einen angesehenen Züchter zu finden, der nicht so weit entfernt wohnt. Der VDH wird Ihnen mit Sicherheit Züchter von Border Collies mit besten Qualitäten nennen. Außerdem wird jeder regionale Rassehundeklub oder auch die speziellen Border Collie Clubs Ihnen Empfehlungen geben.
Als potentieller Besitzer sollten Sie Hütehundprüfungen besuchen, um den Border Collies bei der Arbeit zuzusehen. Sie können dort die Halter und Betreuer direkt ansprechen und sich einen Überblick über die Rasse verschaffen. Wenn Sie den Border Collie bisher nur vom Foto kannten, können Sie dort die Hunde „in Natur" erleben. Sprechen Sie die Halter an. Wenn diese nicht gerade mit den Hunden beschäftigt sind, geben sie sicher gerne Antworten auf Ihre Fragen und empfehlen Ihnen eventuell auch Züchter, bei denen Welpen geplant sind. Ganz nebenbei bekommen Sie zusätzlich noch den einen oder anderen guten Rat, was Sie beim Welpenkauf beachten sollten.
Nehmen Sie Kontakt zu mehreren Züchtern auf und besuchen Sie deren Zuchtstätten. Bereits die Aufzuchtstätte und die Zuchttiere geben einen gewissen Aufschluß über die Seriosität eines Züchters. Danach können Sie sich ein Bild machen, welcher Züchter Ihren Vorstellungen nachkommt und entsprechend Ihre Wahl treffen, von welchem Züchter Sie einen Welpen kaufen möchten oder wer eventuell als zweite Wahl in Frage kommt.

Achten Sie drauf!
Wenn der Züchter Ihnen eine Menge persönliche Fragen stellt, so geschieht dies nicht aus Neugier zu Ihrer Person, sondern aus der Besorgnis, mit Ihnen die richtige Wahl für seinen Welpen getroffen zu haben.

Achten Sie drauf!
Welpen werden meist in einem Alter von 8 bis 10 Wochen abgegeben. Dies ist für die meisten Rassen genau richtig. Ausgenommen sind hier die Zwergrassen, die nicht vor einem Alter von 12 Monaten abgegeben werden sollen. Wenn ein Züchter einen Welpen hat, der 12 Wochen oder mehr alt ist, ist dieser wahrscheinlich bereits gut sozialisiert und stubenrein. Achten Sie darauf, daß er ansonsten gesund ist, bevor Sie beschließen, ihn mit nach Hause zu nehmen.

Nun ist es Zeit, den Wurf zu besichtigen.

Bedenken Sie, daß viele gute Züchter Wartelisten haben. Manchmal müssen die neuen Eigentümer sogar zwei Jahre auf einen Welpen warten. Wenn Sie sich wirklich für einen Züchter entschlossen haben, dann warten Sie auf seinen nächsten Wurf (und hoffen, daß dies nicht in zu weiter Ferne sein wird). Wenn Sie nicht warten möchten, erkundigen Sie sich bei dem zweiten oder dritten Züchter, den Sie in die engere Wahl gezogen haben. Scheuen Sie sich nicht, Fragen zu stellen. Wenn der Züchter keine Warteliste oder noch keinen Käufer hat, gibt es wahrscheinlich einen guten Grund. Vergleichbar ist das mit dem Besuch eines Lokals wenn keine Gäste da sind. In besseren Lokalen muß man auch seinen Platz vorbestellen und reservieren. Da Sie den Border Collie wahrscheinlich als Familienhund halten werden, sollten Sie einfach einen Welpen wählen, der freundlich und attraktiv ist.

Border Collies haben im allgemeinen kleine Würfe mit durchschnittlich fünf Welpen. Deshalb ist die Auswahl beschränkt, sobald Sie einen wünschenswerten Wurf ausfindig gemacht haben. Kaufen Sie nicht aus einem Gefühl von Mitleid heraus, den Zwerg eines Wurfes. Ein guter Züchter kann sicherlich für Sie entscheiden, welcher Welpe zu Ihnen paßt.

Wenn Sie die Absicht haben, Ihren neuen Border Collie für Hütezwecke einzusetzen, gibt es noch viel mehr Überlegungen. Die Ahnen eines zukünftigen aktiven Hundes sollten ausgezeichnete Qualifikationen haben. Dies schließt tatsächliche Arbeitserfahrung, wie auch aktive Titel in ihren Stammbäumen mit ein.

Das Geschlecht Ihres Welpen ist eher eine Angelegenheit des persönlichen Geschmacks. Rüden und Hündinnen können dominant oder sensibel, führig oder stur, schnell und kooperativ oder langsam und unmotiviert sein! Da gibt es keinen Unterschied zwischen den Geschlechtern.

Wenn Sie planen, Ihren Welpen auf Ausstellungen zu zeigen, wird Ihnen Ihr Züchter bei der Auswahl sicher behilflich sein. Er kann Ihnen mit seinen Beobachtungen beratend zur Seite stehen.

Woran erkennen Sie einen gesunden Hund?

Ihr Welpe sollte gut genährt und rund aussehen, jedoch ohne aufgeblähten Bauch. Dies deutet oft auf Wurmbefall oder auf eine falsche Ernährung hin. Der Körper sollte sich stramm und fest anfühlen. Die Haut sollte rosig und sauber sein, ohne Anzeichen von Kratzern oder Bißwunden. Kontrollieren Sie, ob sich an den Hinterläufen keine sogenannten Wolfskrallen befinden.

Der Größenunterschied zwischen Hündin und Rüde ist deutlich, aber nicht wesentlich groß. Färbung ist kein wichtiges Kriterium in dieser Rasse, obwohl es unzählige Hinweise auf das wünschenswerte Maß an Weiß und Schwarz an Hütehunden gibt. Einige Theorien behaupten, daß zu viel Schwarz auf einem Collie die Schafe erschrecken würde. In ihren Herden werden nur weiße Tiere akzeptiert. (Dies können natürlich die Halter schwarzer Schafherden nicht bestätigen.) Dennoch ist die Farbe eines guten stabilen Hütehundes völlig egal. Sein Eigentümer sollte die vorgefaßten Vorstellungen über die Farbe der Border Collies nicht überbewerten. Da die Würfe von Border Collies klein sind und weil sie in erster Linie Arbeitshunde sind, werden kommerzielle Züchter wenig von dieser Rasse angezogen. Dies kommt Ihnen bei Ihrer Auswahl zugute.

Haben Sie genügend Zeit für einen Hund?

Wenn Sie ein unstetes Leben führen, in dem sich Ihr Tages- oder Wochenablauf ständig ändert, überdenken Sie die Probleme, die dieser Lebensstil für einen Welpen mit sich bringt. Ein Welpe muß regelmäßig gefüttert werden, die Sozialisierung an Menschen und an andere Hunde muß in einem geordneten Rahmen stattfinden können. Vor allem aber, muß der Hund regelmäßig raus, um sein „Geschäft“ zu erledigen.

Die meisten Welpen stammen von starken aktiven Linien ab, die unbelastet von Überzüchtung und Inzucht sind. Außerdem sind sie frei von den unzähligen, pingeligen Vorurteilen, die anderen Rassen geschadet haben. Die Preise bei Arbeitshunden sind im allgemeinen niedriger als bei anderen Rassen. In Einzugsgebieten von Städten wird allerdings etwas mehr verlangt, weil dort ein hoher Prozentsatz der Hunde als Familien- oder Ausstellungshunde verkauft werden. Schlagen Sie in Landwirtschaftszeitungen und Fachzeitschriften nach oder fragen Sie den Verband für das Deutsche Hundewesen, wo die besten Border Collie-Züchter zu finden sind. Züchter erlauben den Welpenkäufern die Welpen um die fünfte oder sechste Woche herum zu besichtigen. Eine Abgabe erfolgt ab der achten oder neunten Lebenswoche. Der VDH schreibt eine Abgabe erst ab der achten Lebenswoche vor. Züchter, die ihre Welpen früher abgeben, sind mehr an Geld interessiert und sind nicht als seriös zu betrachten. Welpen werden bereits von den Muttertieren erzogen und lernen so die ersten wichtigen Lebensregeln. Wenn die Hündinnen nicht allzusehr durch das Säugen belastet sind, werden sie auch weiter mit Ihren Welpen erzieherische Spiele machen. Sie bringen den Welpen um die achte Woche die ersten Manieren bei, durch die diese lernen, was sie tun dürfen und was nicht. Züchter investieren ein großes Maß an Zeit mit den Border Collie Welpen. Hierunter fällt auch, daß diese an

„Nimm uns doch bitte mit nach Hause!“ Sie werden es merken, wenn Sie die richtige Wahl getroffen haben.

andere Artgenossen und an Menschen gewöhnt und somit auf diese geprägt werden. Die Beziehung zwischen Hund und Mensch hat eine lange Geschichte. Eine Geschichte, in denen zwei Arten sich gefunden haben und in Kooperation zusammenleben. Diese Fähigkeiten haben sich die Hunde bis heute erhalten. Trotzdem ist es wichtig, diese Fähigkeiten bei der Sozialisierung zu fördern, so daß die

Rüde oder Hündin?
Eine wichtige Entscheidung bei der Wahl des Welpen liegt in der Wahl des Geschlechts. Als Familienhund mag sich eine Hündin besser eignen. Oft wird eine als Familienhund gehaltene Hündin kastriert, um die Unannehmlichkeiten einer unerwünschten Trächtigkeit oder Streitigkeiten mit anderen Hunden auszuschließen.

Welpen diesen Kontakt aufbauen und festigen können. Ein wohlerzogener, gut sozialisierter Border Collie Welpe will nichts mehr, als Ihre Nähe und Zuwendung.
Sie sollten bei der Auswahl Ihres Welpen nicht vergessen, die Zähne zu kontrollieren. Hier geht es nicht so sehr um die Vollständigkeit, als um den Scherenschluß des Gebisses, um sicher zu sein, daß ein Über- oder Unterbiß ausgeschlossen wer-

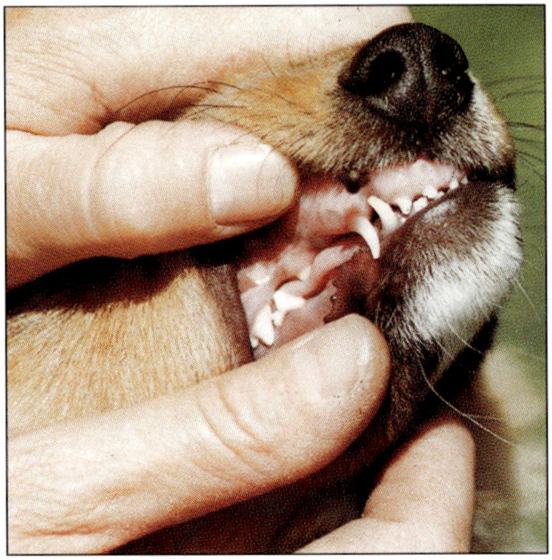

Auch Welpenzähne können kräftig zubeissen. Lassen Sie sich nicht von der Größe der Zähne irreleiten, auch sie sind scharf und können schmerzhafte Wunden verursachen.

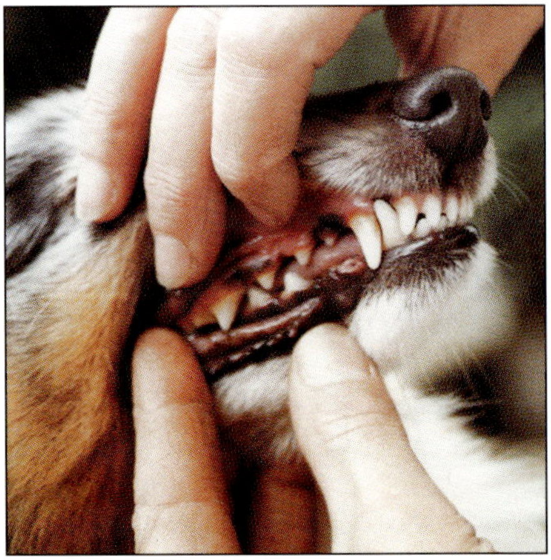

Nachdem ein Border Collie seine ersten Zähne verloren hat, wachsen die kräftigen zweiten Zähne nach.

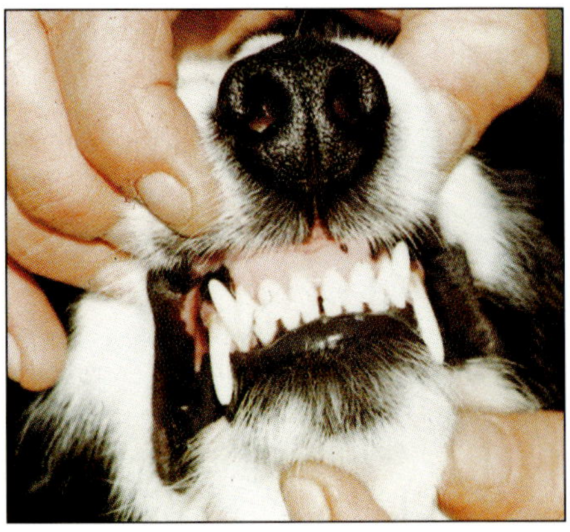

Ein perfekter Scherenbiß. Die oberen Zähne überlappen die unteren haarscharf.

Achten Sie drauf?

Zwei wichtige Dokumente, die Sie von Ihrem Züchter bekommen, sind die Ahnentafel des Hundes und sein Impfpaß. Aus dem Impfpaß geht hervor, daß die vom Club und VDH vorgeschriebene Grundimmunisierung gegen die wichtigsten Infektionskrankheiten erfolgt ist. Der Züchter wird Ihnen auch sagen, wann Sie den Hund zur Nachimpfung beim Tierarzt vorstellen müssen.
Die Ahnentafel ist ein Dokument, das nicht nur die Abstammung des Hundes, die Prüfungen, die Gesundheit und das Aussehen seiner Vorfahren wiedergibt, sondern auch ein Dokument, daß bescheinigt, daß Ihr Welpe nach den Richtlinien des VDH aufgezogen wurde. Welpen ohne Ahnentafel oder mit dubiosen ausländischen Papieren sollten Sie nicht kaufen, da damit zu rechnen ist, daß der niedrigere Preis des Hundes sich für den „Züchter" durch Einsparungen bei der Gesundheitsfürsorge der Elterntiere und der Aufzucht der Welpen doch nicht rechnet.

den kann. Dies mag für den einzelnen jungen Welpen nicht von zu großer Bedeutung sein, wohl aber für die Rasse im Allgemeinen. Gebißfehlstellungen scheinen ein gemeinsames Problem in bestimmten Border Collie-Linien zu sein.

Verpflichtung des Hundebesitzers

Wenn Sie nun alle untenstehenden Faktoren berücksichtigen, dann haben Sie wahrscheinlich schon die richtige Entscheidung getroffen. Sie haben einen Border Collie ausgewählt. Sie haben einen Hund ausgewählt, der in Art und Merkmalen am besten in Ihre Familie und zu Ihrem Lebensstil paßt. Als nächstes sind Sie zu einem Züchter gegangen, der Ihnen als verantwortungsbewußte, gewissenhafte Person erscheint, der gute Border Collies züchtet, zuverlässig ist, Sie betreut und Sie mit dem Welpen unterstützt. Haben Sie den ganzen Wurf beobachtet? Dann haben Sie einen direkten Blick auf die Dynamik des Wurfes werfen können. Auf diese Art konnten Sie erkennen, daß jeder Welpe schon seine eigene Persönlichkeit hat. Vielleicht fanden Sie sogar einen ganz besonderen Welpen dabei? Wie auch immer, wenn

Border Collies widmen sich völlig ihren Besitzern. Achten Sie darauf, daß auch Sie bereit sind, diese Liebe und Hingabe zu erwidern, da Ihr Border Collie, Ihre gesamte Fürsorge benötigt.

Der Welpe kommt ins Haus

Leider kommt es vor, daß Welpen von jemanden erworben werden, der nicht so viel Interesse und Aufmerksamkeit in dieses Wesen investiert. Der Welpe leidet darunter, wenn er sich selbst überlassen wird, - irgendwo in einem Schuppen untergebracht. Wenn Sie Ihre „Hausaufgaben" gemacht haben, um alles für die Ankunft des Welpen vorzubereiten, ist dies für Sie beide von Nutzen. Je mehr Sie informiert sind und je mehr Sie wissen, was Sie vielleicht erwartet, je besser Sie vorbereitet sind für die Höhen und Tiefen, desto besser wird Ihr Welpe sich entwickeln. Im Umgang mit dem Welpen sollte jeder im Haus sein Möglichstes beitragen.

In Vorfreude auf den Welpen fallen oft Versprechungen der Familienmitglieder wie: „Ich werde ihn täglich ausführen, -ich werde ihn füttern, -ich werde ihn erziehen." ...

All diese Dinge kosten viel Zeit und Mühe und Versprechungen können schnell vergessen werden, wenn das Neue erst seinen Reiz verloren hat.

Sie Ihren Traum-Border Collie jetzt auch noch nicht gefunden haben, so helfen Ihnen die Beobachtungen an den Welpen, bestimmtes Benehmen auszuwerten und zu erkennen, welche Veranlagung der Welpe zeigt. Profitieren Sie von den Erfahrungen des Züchters, der Ihnen alles erklären kann. Sie werden in der Lage sein, zu unterscheiden welcher Welpe Anführer ist, welcher zurückhaltender,

Versicherung für den Hund

Wie im täglichen Leben – ohne Versicherungen kann es teuer werden. Vielleicht bietet man Ihnen schon rasch nach dem Kauf Ihres neuen Welpen eine Versicherung an. Eine Haftpflichtversicherung für Hundehalter ist sehr empfehlenswert. Diese deckt Schäden gegen sogenannte „Dritte" ab. Sicherlich möchte der eine oder andere neue Hundebesitzer für seinen Hund zusätzlich auch eine Krankenversicherung abschließen, da Tierarztkosten durchaus relativ hoch sein können. Routinemäßige Impfungen und Untersuchungen werden allerdings dadurch nicht abgedeckt.

zuversichtlicher, schüchterner, verspielter, freundlicher und welcher Aggressivität erkennen läßt. Sie werden auch erkennen, wie ein gesunder Welpe aussieht und sich verhält. Auf der Suche nach Ihrem Border Collie werden Ihnen diese Eindrücke helfen und Sie werden erkennen, welches der richtige Welpe für Sie ist.
Um Hundebesitzer zu werden sind wichtige Schritte nötig wie: Die geeignete Rasse zu suchen, einen guten Züchter zu finden und so viele Welpen wie möglich zu beachten. Es kostet viel Mühe, die sich auch dann lohnt, wenn Sie nicht sofort einen Welpen mit nach Hause bringen. Denken Sie daran, daß Sie viele Jahre mit diesem Hund zusammenleben möchten! Obwohl Sie vorsichtig in Ihrer Entscheidung vorgehen, sich sorgfältig für Ihren Typ Hund entschieden haben, wissen Sie dennoch nicht genau, wie sich Ihr Welpe mit der Zeit entwickeln wird. Die Anschaffung eines Hundes ist etwas, bei dem Sie Ihre ganze Familie einbeziehen müssen. Nehmen Sie den Welpenkauf nicht auf die leichte Schulter! Mit der Anschaffung eines Hundes ist viel Arbeit verbunden. Ein Welpe ist kein verschmustes Stofftier oder ein dekoratives Ausstellungsstück, sondern er wird ein richtiges Familienmitglied. Sie werden merken, daß die erste Zeit nicht einfach ist, doch bedenken Sie, daß es all diese Mühe wert ist. Der Welpe ist ähnlich wie ein kleines Baby - nur mit Fell. Ein Baby ist praktisch hilflos in einer menschlichen Welt und es vertraut seinem neuen Besitzer, der alle Bedürfnisse für sein weiteres Leben erfüllt. Neben Essen, Trinken und Unterkunft braucht es Pflege, Schutz, Geborgenheit und Liebe. Wenn Sie nicht bereit sind, derartige Verpflichtungen einzugehen, dann sollten Sie sich auch keinen Hund anschaffen.
„Halt!" sagen Sie plötzlich - das kann nicht so schwer sein. Alle meine Nachbarn besitzen Hunde und auch diese kommen gut mit ihnen zurecht. Warum sollte ich mir über all

Border Collies sind von Natur aus aktive Hunde. Sie verlangen nach viel Bewegung, um gesund zu bleiben.

das Sorgen machen? Sie sollen sich keine Sorgen machen, aber Sie sollen alles überlegt entscheiden. Ihr Border Collie-Welpe wird schnell seinen Platz in der Familie erobern, sobald er sich an sein neues Zuhause gewöhnt hat. Es entlastet Sie aber in keiner Weise von jeglicher Verpflichtung dem Hund gegenüber. Es ist ein Stück Arbeit und braucht viel Zeit und Geduld, den verspielten, neugierigen Border Collie Welpen dahin zu bringen, daß er ein wohlerzogener, erwachsener Hund wird.

Achten Sie drauf!

Die meisten Probleme, die es gewöhnlich mit jungen Hunden gibt, verschwinden mit zunehmendem Alter Ihres Border Collies.
Wie Sie mit den Problemen eines jungen Hundes umgehen, wird entscheidend für sein Verhalten als erwachsener Hund sein. Es ist von Anfang an wichtig, die Rudelführung klar festzulegen (hoffentlich werden Sie der Rudelführer sein). Diese Festlegung wird den Weg für den Rest des gemeinsamen Zusammenlebens bestimmen.

Einen geeigneten Platz im Haus vorbereiten

Die Rasse auszusuchen und einen geeigneten Züchter zu finden, sind nur zwei Aspekte Ihrer „Hausaufgaben", die Sie bei der Anschaffung beachten müssen. Sie müssen Ihre

Die vielleicht anstrengendste Nacht mit Ihrem Welpen wird wohl die erste Nacht sein, sowohl für den Hund, als auch für Sie.

Familie und Ihr Zuhause ebenfalls auf den „Zuwachs" vorbereiten. Dabei ähnelt vieles der Ausstattung eines Kinderzimmers, wenn ein neugeborenes Baby nach Hause kommt. Eine Stelle im Haus sollten Sie dem Welpen als seine Ecke überlassen. Wie Sie Ihr Haus vorbereiten, hängt davon ab, wieviel Freiraum Sie dem Hund erlauben: Wird er auf einen Raum oder einen bestimmten Bereich im Haus beschränkt, oder wird ihm erlaubt, herumzulaufen, wie es ihm gefällt? Wird er die Zeit überwiegend in oder außerhalb des Hauses verbringen? Wie auch immer Sie sich entscheiden, dieser Platz sollte er „sein Eigen" nennen dürfen. Wenn Sie Ihren Welpen nach Hause bringen, tun Sie bestimmt alles, damit es auch sein Heim wird. Natürlich kaufen Sie sich keinen Hund, damit er das gesamte Haus einnimmt. Er muß sich erst mit der Umgebung vertraut machen, um sich ordentlich anzupassen. Zeigen Sie ihm also seinen Platz.

Rufen Sie sich immer wieder in Erinnerung: Der Welpe verläßt die Wärme und Sicherheit der Mutter und der Wurfgeschwister, die Vertrautheit des ersten Ortes, den er je sah. Daher ist es sehr wichtig, ihm den Übergang so leicht wie möglich zu gestalten. Lassen Sie den Welpen fühlen, daß er willkommen ist, an diesem neuen, für ihn fremden Ort. Es dauert gewiß nicht lange, bis er sich eingewöhnt hat, nur ein sehr plötzlicher Übergang kann zu einem traumatischen Schock führen. Stellen Sie sich vor, wie ein kleines Kind sich in derselben Situation fühlen

Augen auf beim Welpenkauf!

Sie sollten niemals einen Welpen kaufen, der krank, unterernährt, übermäßig ängstlich oder nervös aussieht. Manchmal wird ein zurückhaltender Welpe mit Ihnen warm, nachdem Sie ihm vielleicht einige Zeit zum „Beschnüffeln" gegeben haben.

Der Weg nach Hause

Wenn Sie Ihren Welpen vom Züchter mit dem Auto abholen, kann es für Sie beide unbequem werden. Der Welpe wird aus seinem bekannten, sicheren Umfeld gerissen, er wird in eine ihm fremde Umgebung gebracht, in etwas, was sich bewegt. Seien Sie auf Dinge wie Stuhlgang, Weinen, Heulen und auch auf Beißen vorbereitet. Mit viel Liebe und Mut überstehen Sie beide den Streß der Autofahrt. Zu Hause angekommen, ist die streßige Autofahrt dann schnell vergessen.

Um dem Fell des Border Collies ein gesundes Aussehen zu geben, benötigt es tägliche Pflege wie Bürsten und ähnliches.

würde. Dann wissen Sie, wie Ihr kleiner Welpe fühlt. Es liegt nun bei Ihnen, ihn wissen zu lassen „Hallo kleiner Freund, komm, hier soll es Dir gut gehen!"

Was frißt mein Hund?

Die Futterkosten sollten nicht unerwähnt bleiben. Diese Rasse lebt nicht von Tischresten des Menschen. Border Collies haben einen hohen Bedarf an Protein zum Aufbau von Knochen und Muskeln. Viele Hunde sind nicht wählerisch beim Fressen, aber wenn sie nicht angemessen gefüttert werden, könnten sich allerlei Hautprobleme einstellen.

Was Sie für Ihren Welpen anschaffen sollten

Der Faltkäfig

Für Leute, die nicht zum Bekanntenkreis der Familie gehören, sieht der Gebrauch des Käfigs wie eine Art Bestrafung aus, wenn man den Hund nach dem Training einsperrt. Das ist hier aber nicht der Fall. Käfige bedeuten nicht Grausamkeit oder Härte - Käfige haben viele menschenfreundliche und hoch wirksame Anwendungsmöglichkeiten für Obhut, Pflege und Ausbildung. Zum Beispiel ist die Käfig-Gewöhnung und -Ausbildung im gemeinsamen, häuslichen Zusammenleben sehr beliebt. Der Käfig ist auf Reisen eine sichere Unterkunft für den Hund. Das Wichtigste daran ist, daß der

Auf dem Weg zur Hundeausstellung. Ob Sie nun einen oder mehrere Border Collies besitzen, Käfig sowie auch Hunde sollten auf Reisen stets gut gesichert sein.

Käfig für ihn Geborgenheit bedeutet. Es ist sein eigener Platz in Ihrem Haus! Er dient gewissermaßen als „Hundeschlafzimmer".

Ihr Border Collie kann sich, wenn er möchte, darin zurückziehen, sich zusammenrollen und schlafen oder auch einmal eine Pause machen. Viele Hunde schlafen auch nachts in ihrem Käfig. Ausgestattet mit weichen Decken und seinem Lieblingsspielzeug, wird der Käfig zu einer gemütlichen Höhle für Ihren Hund. Wenn er Trost sucht, zieht er sich, ähnlich wie seine Vorfahren, in die Höhle zurück. Der Käfig ist natürlich etwas luxuriöseres und nicht mit Blättern und Zweigen ausgestattet und von keinem schmutzigen Graben umgeben.

Soweit zum Kauf eines Käfigs. Den Typ müssen Sie dann selbst aussuchen. Sie werden sich sicherlich für eine der zwei beliebtesten Arten entscheiden: Metall oder Kunststoff. Jeder hat dabei gewisse Vor- und Nachteile. Beispielsweise ist der Draht- oder Gitterkäfig nach allen Seiten hin offen, luftdurchlässig und erlaubt dem Hund eine Rundumsicht. Die Kunststoffbox ist stabil und kann auch als Reisebox (z. B. auf Flugreisen) dienen, sie bietet einen etwas größeren Schutz für den Hund. Die Größe des Käfigs oder der Box ist hierbei ein weiteres Thema. Welpen bleiben nicht immer klein. Manchmal scheint es so, als ob man Ihnen beim wachsen zuschauen kann. Für einen Yorkshire Terrier dimensionierter Käfig, kann auch für einen Border Collie Welpen durchaus passend sein. Es dauert allerdings nicht sehr lange, bis er zu klein sein wird. Wenn Sie genug Geld und Muße aufbringen, um nach jedem Wachstumsstadium für den Welpen einen neuen Käfig anzuschaffen, ist das erfreulich. Es ist natürlich praktischer, einen passenden Käfig für den ausgewachsenen Hund zu besorgen. Der große Käfig wird für einen ausgewachse-

Achten Sie drauf!

An dieser Stelle sei ausdrücklich vor dem sogenannten „Tele Takt" gewarnt.
Dieses Halsband, das den Hund in Form von Elektroschocks eindringlich auf Verbotenes hinweisen soll, ist äußerst umstritten.
Für Privatpersonen ist der Einsatz durch das Tierschutzgesetz verboten. Nur Jäger oder andere „Hundenutzer" erhalten Sondergenehmigungen.
Ein Hund leidet unter diesem Einsatz. Außerdem gilt es als erwiesen, daß eine geduldige Ausbildung auf Dauer erfolgversprechender ist.

nen Border Collie notwendig sein, da seine Körpergröße bei etwa 50 bis 55 cm liegen wird.

Decken

Eine oder auch zwei Decken im Käfig werden dazu beitragen, daß sich der Hund wohlfühlt. Erstens, die Decke entspricht hierbei den Blättern und Zweigen etc., die die Welpen in der freien Natur verwenden, um daraus eine „Höhle" zu bauen. Der Welpe kann hiermit seinen eigenen „Bau" im Käfig machen. Obwohl Ihr Welpe weit davon entfernt ist, wie seine Vorfahren zu handeln, ist der Höhleninstinkt in seiner Genetik verankert. Zweitens, bevor Sie den Welpen zu sich geholt haben, schlief er inmitten der Wärme der Mutter und seiner Wurfgeschwister. Obwohl eine Decke nicht das gleiche ist, wie ein warmer, atmender Körper, bietet sie ihm Wärme und Behaglichkeit und er kann sich darin „einkuscheln". Waschen Sie die Decken regelmäßig. Sollte einmal ein Malheur im Käfig passieren, entfernen Sie die beschmutzte Decke und ersetzen Sie diese durch eine saubere. Ebenso, wenn sie zottig wird oder auseinanderzufallen beginnt.

Der Hunde-Zubehörhandel bietet ihnen eine Vielfalt von Faltkäfigen und Boxen in verschiedenen Preisklassen an.

Die erste Zeit der Eingewöhnung

Während der Eingewöhnungszeit Ihres Welpen an den Käfig, sollten Sie ihm darin eine bestimmte Ecke abteilen. Ein zu großer Freiraum, könnte Ihren Trainingserfolg mindern. Der Welpe ist von Natur aus kein Nestbeschmutzer. Diese Tatsache ist die Grundlage, den Käfig als geschützten Platz anzusehen. Er hält also seinen Platz sauber. Ist nun der Käfig zu groß, wird er sich darin eine Ecke für sein Geschäft suchen, die weit genug von seinem Schlafplatz entfernt ist. Ebenso sollte ein Käfig den Höhlencharakter unterstützen. Ausgestattet mit Decken und Lieblingsspielzeug wird der Käfig von Ihrem Border Collie als gemütlich und sicher empfunden. Wächst Ihr Welpe zu einem erwachsenen Hund heran, können Sie jetzt den Platz wieder erweitern und ihm mehr Freiraum geben. Zu Beginn bedarf dies manchmal ein wenig Überredungskunst. Hat sich der Welpe aber erst einmal an den Käfig gewöhnt, wird dieser schnell zu seinem Lieblingsplatz und er fühlt sich geborgen.

Bevor Sie den Welpen zu sich nach Hause holen, sollten Utensilien wie Halsband, Leine und eventuell ein Faltkäfig vorhanden sein. Denken Sie auch an geeignetes Hundespielzeug.

Spielzeug

Spielzeug ist ein Muß für Hunde jeden Alters. Besonders für neugierige, verspielte Hunde. Welpen sind die „Kinder" in der Welt der Hunde und welches Kind liebt kein Spielzeug?

Kaufähiges Spielzeug ist eine Freude für beide, Hund und Herrchen. Ihr Hund genießt sein Spielzeug und Sie freuen sich, daß Sie ihn von Ihren teuren Schuhen und vom Ledersofa ablenken. Welpen kauen gern. Es ist ihnen zur Zeit des „zahnens" ein körperliches Verlangen, und alles sieht dann appetitlich aus! Der Welpe macht keine großen Unterschiede. Aus seiner Sicht ist alles in Ihrem Haushalt, von der Spülschüssel bis zum Orientteppich, gerade richtig. Ein zahnender Welpe ist nicht sehr kritisch bei der Auswahl seiner Objekte, alles schmeckt gut, sobald er seine Zähne buchstäblich in etwas versenken kann. Stofftiere oder ähnliches sind hier etwas anderes. Sie sind gut, um den Hund etwas als Gesellschaft mit in den Käfig zu geben. Seien Sie aber vorsichtig mit den Stofftieren, denn der Welpe kann den neuen Kameraden schnell zerfetzen und zurück bleiben nur die harten Augen o. ä., an denen der Welpe schnell ersticken könnte. Ebenso sehr beliebt sind quietschende Spielzeuge. Es gibt Hunde, die beim ersten quietschenden Geräusch, aus dem entferntesten Winkel des Hauses angelaufen kommen, um damit zu spielen. Noch einmal sei hier erwähnt, wenn der Welpe dieses Quietschspielzeug zerkaut, kann es gefährlich werden, sobald er das Innenleben schluckt. Überwachen Sie den Zustand der

Der Border Collie Welpe entscheidet selbst, welche Spielzeuge er am liebsten mag. Einige Spielzeuge aus Büffelleder sind eßbar und müssen oft neu beschafft werden. Andere hingegen sind längere Zeit haltbar.

Spielzeuge sorgfältig und entfernen Sie diese, wenn sie zerkaut sind und gefährlich werden. Verfahren Sie ebenso vorsichtig mit Knochen, die in scharfkantige, gefährliche

Stücke zersplittern. Lederkauknochen, die lange genug durchgekaut wurden, sind auch mit entsprechender Vorsicht zu genießen. Wenn der Hund alles geschluckt hat, kann es später zum Erbrechen des Hundes kommen und das kann auf dem Teppich sein.

Leinen

Die beste Lösung ist wahrscheinlich eine Nylonleine, diese ist sehr widerstandsfähig wenn kleine Welpenzähne darauf herum kauen. Das Kauen auf der Leine ist eine schlechte Angewohnheit Ihres Welpen, zu der Sie es gar nicht erst kommen lassen sollten. Falls Ihr Welpe es dennoch macht, ist es für ihn sehr

Ob Sie mit einem Hund Ausstellungen besuchen möchten oder nicht – kaufen Sie einen Welpen nur von einem angesehenen Züchter.

schwer, die feste Nylonschnur zu zerstören. Nylonleinen sind außerdem sehr leicht und unterstützen den Lernvorgang Ihres Welpen an die Leinenführigkeit. Auch für den täglichen Spaziergang treffen Sie mit der Nylonleine eine gute und sichere Wahl. Haben Sie Ihren Welpen vorsichtig an eine Leine gewöhnt und er hat gelernt, ohne ziehen ordentlich daran zu gehen, können

Geben Sie Ihrem Border Collie Welpen genügend Spielzeug, für jeden Raum in dem ihm erlaubt ist zu spielen. Kaufen Sie Hundespielzeug stets im Fachhandel, denn Kinderspielzeug ist nicht für Hunde geeignet.

Ihr örtlicher Hunde-Zubehörhandel bietet eine Vielfalt an Leinen in den verschiedensten Farben und Materialien an.

Sie den nun fast erwachsenen Hund auch mit einer flexiblen Leine ausführen. Diese erlaubt es ihm, seinen Radius auszudehnen. Ein kurzer Ruck an der Leine zeigt dem Welpen, daß er zu Ihnen zurückkehren soll, um nah bei Fuß zu gehen.

Das Halsband

Ihr Welpe sollte sich frühzeitig an ein Halsband gewöhnen. Leine und Halsband sind zwei fest zusammengehörende Dinge. Für den Welpen ist ein Nylonhalsband eine gute Entscheidung, weil es sehr leicht ist und den Hund nicht sonderlich beeinträchtigt. Sie sollten es so am Hals anlegen, daß der Welpe sich einerseits nicht daraus befreien kann, andererseits sollte es locker genug sein, und ohne störend zu wirken, bequem am Hals anliegen. Als Faustregel gilt: Zwischen Hals und Halsband sollte immer ein Finger breit Platz sein.Ein wenig Eingewöhnungszeit braucht der Welpe für das Halsband vielleicht. Bald wird er es als alltäglich betrachten und keinerlei Notiz mehr daran nehmen. Stop-Halsbänder sind für Hundetraining und -erziehung geeignet. Sie sollten nur von Hundebesitzern benutzt werden, die im Umgang damit Erfahrung haben.

Futter und Trinknäpfe

Ihr Welpe benötigt zwei Näpfe. Einen für Futter und einen für Wasser. Zwei Sätze der Näpfe wären sinnvoll, wenn man einen Satz für den Garten und einen für das Haus vorsieht. Je nachdem, wo sich der Hund zur Fütterungszeit gerade aufhält oder wo er die meiste Zeit des Tages verbringt. Im Handel steht eine große Auswahl an Näpfen aus Edelstahl oder Kunststoff zur Verfügung. Kunststoffschüsseln lassen sich „bekauen“, bei Edelstahlausführungen läßt es der Hund nur beim Versuch. Edelstahlnäpfe sind vor-

Achten Sie drauf!

Die Ausbildung und Erziehung Ihres Welpen benötigt viel Geduld. Aber Sie werden sehen, daß die Bemühungen sich lohnen. Wenn Sie der Meinung sind, Sie besitzen einen Welpen, der „unerziehbar“ ist, dann besuchen Sie mit Ihrem Welpen eine Hundeschule. Es ist natürlich auch möglich, daß es Probleme bei der Erziehung Ihres Hundes gibt, die durch erfahrene Personen beseitigt werden können.

teilhafter und können auch gegebenenfalls sterilisiert werden. Viele Hundebesitzer benutzen auch Schüsselständer. Das Futter wird näher zum Hund hingeführt und er muß sich nicht so weit hinabbeugen. Diese Art der Fütterung ist hilfreich für die Verdauung. Sie wirkt zudem gegen Blähungen oder Magendrehungen bei Hunden mit tieferem Brustkorb. Beim Kauf eines Kunststoffnapfes sollten Sie noch bedenken, daß ihn Ihr Hund genauso gerne anknabbert wie andere Kunststoff- oder Plastikartikel in Ihrem Haushalt. Verschluckte Plastikteile können aber für Ihren Hund gefährlich werden. Denken Sie beim Futternapfkauf daher auch an die Gesundheit Ihres Welpen.

Reinigungsbedarf

Ein noch nicht zur Stubenreinheit erzogener Welpe ist sicherlich der Meinung, Sie können alles wieder saubermachen, wenn er gerade irgendwo hingemacht hat. Kleine Pannen kommen vor und sind im momentanen Alter verständlich, weil der Welpe es noch nicht besser kann und weiß. Alles was Sie tun können ist, alle „Pannen“ beseitigen. Alte Lappen, Handtücher, Zeitungen und ein mildes Desinfektionsmittel sind dabei nützlich.

Zusätzlich zur Grundausstattung
Die eben genannten Punkte sind Dinge, die zum notwendigen Zusammenleben mit einem Welpen gehören. Sie sind eine sogenannte Grundausstattung. Sie selbst werden herausfinden, was Sie zusätzlich benötigen. Pflegemittel, Floh-

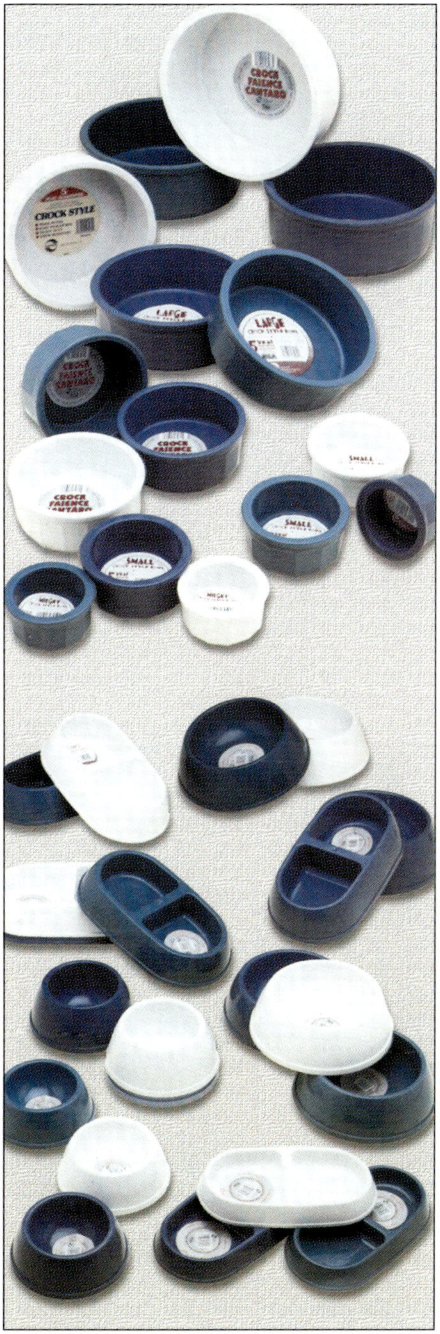

Der Hunde-Zubehörhandel bietet eine große Anzahl von Futter- und Wassernäpfen an. Die Ausstattung für den Border Collie sollte widerstandsfähig und robust sein.

Edelstahlnäpfe sind rostfrei und stellen normalerweise die beste Wahl dar. Sie können vom Hund nicht zerkaut werden und man kann sie schnell reinigen oder desinfizieren. Schüsseln aus Kunststoff sind nicht so lange haltbar und werden schnell von Hundezähnen zerkaut.

oder Zeckenschutz, Babygitter, um Teile des Wohnraumes abzugrenzen etc. sind ebenfalls zu berücksichtigen und müssen mit Ihrer jeweiligen eigenen Wohnsituation abgestimmt werden. Es ist sehr gut zu wissen, alles getan zu haben, um die ersten Tage Ihres Border Collies so angenehm und bequem wie möglich zu gestalten.

Ihr Haus wird welpensicher

Wenn Sie sich vergewissert haben, daß Ihr Welpe es in Ihrem Haus bequem und komfortabel haben wird, überzeugen Sie sich auch davon, daß Ihr Haus sicher für einen Border Collie ist.

Treffen Sie Vorsichtsmaßnahmen, damit der Welpe besser mit einigen Sachen nicht in Berührung kommen kann. Kontrollieren Sie, daß es nichts Erreichbares gibt, woran er sich verletzen könnte. Ein Welpe kaut alles, was er irgendwo findet durch.

Während Sie sich in erster Linie um die Sicherheit des Welpen sorgen, scheint es andererseits dem Welpen zu gefallen, Ihr „Hab und Gut" zu zerstören. Wenn Ihr Welpe durchs Haus rennt, sollten zerbrechliche Gegenstände deshalb stets außerhalb seiner Reichweite sein. Wenn Ihr Hund sich nur in bestimmten Bereichen des Hauses aufhält, ist es ratsam, auch potentiell gefährliche Sachen aus diesem Bereich fernzuhalten. Elektrokabel können eine Gefahr darstellen, sollte der Welpe probieren, darauf herumzukauen. Welcher kleine Hund wäre nicht davon überzeugt, ein großartiges Spielzeug zu kauen? Elektrokabel sollten daher nicht irgendwie herumliegen, sondern unter Teppichen verschwinden oder an der Wand befestigt sein. Wenn Ihr Hund sich in einem „Käfig" aufhält, vergewissern Sie sich, daß es nichts in der Nähe gibt, was er neugierig beschnuppern oder gar mit seinen Pfoten durch die Öffnungen ziehen kann.

Haushaltsreiniger und dergleichen halten Sie ebenso von dem Welpen fern, wie von kleinen Kindern. Natür-

Der Heimtierhandel bietet normalerweise auch verschiedene Geräte zur Reinigung des Gartens an, wenn sich Ihr Hund dort gelöst hat.

Border Collie Welpen laufen viel und gern und sind neugierig. In nicht abgesperrten Arealen führen Sie den Welpen am besten an der Leine.

lich ist es genauso wichtig, außerhalb des Hauses alles zu sichern. Vernünftigerweise sollte Ihr Welpe nie unbeaufsichtigt sein. Ein Welpe, der sich frei im Garten aufhält, möchte laufen, spielen und seine Freiheit genießen. Selbst ein Zaun bietet Ihnen und dem Welpen nicht die nötige Sicherheit.Es wird Sie überraschen, mit welcher List und Beharrlichkeit der Hund versucht, diesen Zaun zu untergraben oder schmale Öffnungen zu erweitern, und über den Zaun zu klettern oder zu springen.

Die beste Möglichkeit wäre, den Zaun so hoch zu bauen, daß es wirklich unmöglich für den Hund ist, hinüber zu kommen (ungefähr zwei Meter Höhe sind ausreichend, beachten Sie allerdings vorhandene Bauvorschriften) und der dabei auch tief genug in die Erde eingegraben ist. Achten Sie darauf, Lücken im Zaun zu reparieren oder zu sichern. Überprüfen Sie den Zaun regelmäßig auf guten Zustand und etwaige notwendige Ausbesserungsarbeiten. Ein sehr entschlossener Welpe macht sich solange an denselben Stellen zu schaffen, bis er endlich erfolgreich durch den Zaun gelangen kann.

Der erste Tierarztbesuch

Nun, Sie haben Ihren Welpen ausgesucht, in Ihrem Haus ist alles vorbereitet und die Familie ist sehr aufgeregt. Alles was Sie jetzt noch tun müssen, ist den Border Collie vom Züchter abholen und dann geht der

Darstellung der Arbeitsverteilung von Tierärzten aufgesplittet in Kategorien. Es ist ein relativ guter Indikator, wieviel ein Haustier dem Eigentümer an medizinischer Pflege kostet.

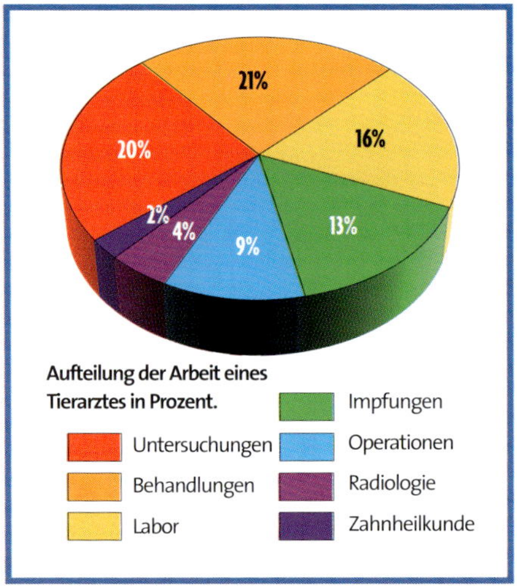

Spaß richtig los. Nun ja .... ganz so schnell geht's nicht. Für den ersten Besuch beim Tierarzt sollten Sie jetzt schon Vorbereitungen treffen. Vielleicht kann Ihnen Ihr Züchter jemanden empfehlen, der in Ihrer Nähe wohnt und auf Border Collies spezialisiert ist. Oder Sie selbst kennen einen Border Collie Besitzer, der zu einem guten Tierarzt geht. Egal wie, Sie sollten vorher mit dem Tierarzt einen Termin vereinbaren und zwar bevor Sie Ihren Welpen abholen. Planen Sie unbedingt eine erste Untersuchung in den ersten Tagen mit ein. Der erste Besuch beim Tierarzt beinhaltet eine allgemeine Grunduntersuchung, um sicherzustellen, daß der Welpe keinerlei Krankheiten oder andere Probleme hat, die man auf den ersten Blick nicht gesehen hat. Weiterhin wird für den Welpen ein Impfplan erstellt. Der Züchter hat Sie davon in Kenntnis gesetzt, welche Impfungen der Welpe bereits erhalten hat. Ein Blick in den Impfpaß genügt dem Veterinär, um darauf aufzubauen.

Vorstellung in der Familie

Jeder im Haus ist natürlich sehr aufgeregt. Jeder will den Welpen anfassen und mit ihm spielen. Aber Sie sollten nichts überstürzen und nicht alles auf einmal auf den Welpen einwirken lassen. Er ist nämlich sehr ängstlich und ist schließlich das erste Mal ganz allein - ohne Mutter und Wurfgeschwister. Die Fahrt zu Ihnen nach Hause war vielleicht auch die erste Autofahrt. Das letzte, das Sie mit ihm tun sollten wäre, den Welpen mit all dem Neuen zu überfordern. Es würde ihn nur verängstigen. Es ist nicht so, daß menschlicher Kontakt nicht unbedingt notwendig wäre, aber ab diesem Zeitpunkt soll sich eine innige Verbindung zwischen Hund und Familie aufbauen. Vorsichtige Berührungen und beruhigende Worte trösten ihn jetzt über die Situation hinweg. Lassen Sie ihn seine Umgebung ganz allein erkunden (natürlich unter Ihrer Aufsicht!). Der Welpe wird vielleicht die Familienmitglieder begutachten oder er erforscht sein Umfeld. Allmählich sollte sich dann jede Person mit ihm kurz einzeln beschäftigen. Knien Sie sich dabei nieder und geben Sie ihm dabei die Möglichkeit an den Händen zu schnüffeln und streicheln Sie ihn sanft dabei. Der Welpe benötigt jetzt Ihre Aufmerksamkeit und direkten körperlichen Kontakt. So knüpft man einen sofortigen Bund.

Die erste Nacht zu Hause

Sie haben Ihren neuen Schützling vorsichtig im Korb nach Hause gebracht. Er war beim Tierarzt zur Untersuchung, wurde gewogen, die Papiere wurden überprüft und er wurde auch geimpft und entwurmt. Er lernte die Familie kennen, hat alle Familienmitglieder „abgeleckt", die aufgeregten Kinder genauso, wie die glückliche Katze. Er erforschte sein Umfeld, sein neues Lager, den Garten und alles andere, was ihm erlaubt wurde. Er aß seine erste Mahlzeit zu Hause und er löste sich am geeigneten Platz. Er hörte viele neue Geräusche, schnüffelte neue Freunde und sah mehr von der Welt, als je zuvor. Das war nun der erste Tag! Er schlägt sich jetzt noch schnell den kleinen Bauch voll und ist fertig um schlafen zu gehen .... so denken Sie vielleicht!

Es ist die erste Nacht des Welpen im neuen Heim und Sie sagen nur „Gute Nacht - Schlaf gut!" - denken Sie auch daran, daß es die erste Nacht in fremder Umgebung ist. Die erste Nacht, in der der Welpe allein schläft! Weder seine Mutter noch seine Wurfgeschwister sind mehr in Reichweite. Die Körpernähe fehlt ihm und er ist ein wenig verstört, kalt und allein. Beruhigen Sie Ihr neues Familienmitglied immer wieder. Das sollte aber nicht der Zeitpunkt sein, um ihn zu verwöhnen. Man soll diesem unvermeidlichen Weinen jetzt nicht nachgeben. Welpen heulen oder weinen. Sie heulen, um die anderen wissen zu lassen, wo sie sind und hoffen auf Gesellschaft.

Setzen Sie den Welpen in sein neues Bett in seinem Zimmer und schließen Sie die Tür. Gnädigerweise wird er dann vielleicht sofort und ohne einen Mucks, einschlafen. Sollte sich das Weinen wiederholen, ignorieren Sie es einfach. Dem Welpen geht es sicherlich gut. Seien Sie stark, denken Sie daran, was der Welpe möchte, geben Sie Ihrem Herzen keinen Stoß und sehen nach ihm. Er wird einschlafen.

Viele Züchter empfehlen hier einen Gegenstand in sein neues Bett zu legen, der vorher schon in der Zucht-

Die menschliche Berührung ist der Schlüssel zur richtigen Sozialisierung Ihres Welpen. Allerdings sollte das Küssen von Hunden nicht erlaubt werden.

Das Küssen eines Hundes ist sehr unhygienisch.

stätte war. So erinnert sich der Welpe an die Geschwister. Andere Züchter wiederum verweisen auf eine Wärmflasche. Das letztere ist keine gute Idee. Dem Welpen etwas anzubieten, um daran zu saugen - ihm geht es sicherlich gut dabei, allerdings wird er naß und schläft bestimmt nicht so schnell ein. Die erste Nacht kann für den Welpen und die Familie sehr stressig sein. Senken Sie zur Schlafenszeit auch Ihre Geräuschkulisse im Haus. Spielen Sie auf keinen Fall mehr mit ihm, lassen Sie sich nicht erweichen. Es könnte sonst sein, daß Ihr Welpe jeden Abend um 22:00 Uhr, um Mitternacht oder um 2:00 Uhr nachts spielen möchte. Ihre Familie und Ihr Welpe werden es Ihnen danken.

„Was Hänschen nicht lernt, lernt Hans nimmermehr!“ Das ist nicht immer richtig.

Problemen Vorbeugen

Sozialisierungsphase

Nachdem Sie an alles gedacht und sämtliche Vorbereitungen getroffen haben, um dem Welpen ein neues Zuhause zu geben, und um auch als neues Mitglied in die Familie aufgenommen zu werden, wird es nun Zeit Spaß zu haben. Während der Eingewöhnungsphase haben Sie Gelegenheit, Ihren neuen Freund auszuführen und mit ihm spazierenzugehen. Es wird Ihnen beiden von großem Nutzen sein, wenn der Welpe als niedliche haarige Kreatur angesehen wird. Es macht Sie stolz, wenn die Leute untereinander tuscheln, daß sie einen solchen wertvollen Hund auch gern ihr eigen nennen und ihn auch ebenso verwöhnen möchten.

Ihr Welpe sollte außer der eigenen Familie viele andere Leute, Tiere und auch andere Lebenssituationen kennenlernen. In der Wachstumsphase gewonnene Eindrücke werden dem Welpen später helfen, wenn er erwachsen ist, diese Situationen zu beherrschen, weniger ängstlich, scheu oder furchtsam zu sein. Die Sozialisierung des jungen Hundes beginnt schon beim Züchter und ist jetzt in Ihre Verantwortung übergegangen. Diese Phase dauert im allgemeinen ca. bis zur 12. Lebenswoche, dann erreicht sie einen kritischen Punkt, denn bis dahin sollten alle Umwelteinflüsse und -eindrücke verankert oder

Achten Sie drauf!

Die Sozialisierungsphase besteht nicht nur darin, neue Menschen kennenzulernen und neue Erfahrungen zu sammeln. Es kommen ganz alltägliche Dinge hinzu, die für uns Menschen selbstverständlich sind, wie Autofahren, Fell bürsten, Fernsehen - diese Liste wäre endlos zu erweitern. Je mehr Erfahrungen Ihr Welpe sammelt und je positiver diese sind, desto weniger schockierend und erschütternd werden neue Dinge auf den Welpen wirken.

Aller Anfang braucht Zeit!
Es dauert vielleicht zwei Wochen, dann hat sich Ihr Welpe an seine neue Umgebung gewöhnt. Begegnen Sie Ihrem Hund in dieser Zeit mit viel Liebe und Aufmerksamkeit. Berühren Sie ihn, geben Sie ihm häufig Gelegenheit, sich zu lösen. Geben Sie ihm sein Lieblingsfutter und einen Platz, den er sein Eigen nennen kann.

geprägt sein. Eine unzureichende Sozialisierung äußert sich später, wenn der Hund älter ist, in Furcht und Aggression. Der Welpe benötigt jetzt jede Menge menschlichen Kontakt in jeder erdenklichen positiven Art und selbstverständlich auch Begegnungen mit anderen Tieren. Seien Sie auch behutsam während der 8. bis 10. Lebenswoche, auch bekannt als Furcht-Lern-Zeit. Die Erziehung in diesem Abschnitt sollte besonders ruhig und sanft erfolgen. Sobald Ihr junger Hund alle notwendigen Impfungen erhalten hat, können Sie ihn unbesorgt ausführen (natürlich angeleint). Nehmen Sie ihn mit bei Ihren täglichen Besorgungen und zeigen Sie ihn auch der Nachbarschaft. Lassen Sie ihn mit anderen Leuten in Kontakt kommen, mit anderen Hunden, anderen Welpen spielen, etc. Oft mögen Welpen auf Anhieb untereinander nicht unbedingt Freunde werden. Es gibt viele Leute, die das nicht wissen oder wahr haben wollen. Jedoch sollten Sie bei jedem Zusammensein mit anderen einfach nur aufpassen. Wenn z.B. Nachbarskinder einfach nur einmal „Hallo" sagen wollen, ist dieses sehr zu befürworten und zu begrüßen, denn sehr oft werden Kinder und Hunde die besten Freunde. Manchmal kommt es vor, daß kleine Kinder in ihrem Übereifer unabsichtlich etwas grob mit dem Welpen umgehen, oder aber umgekehrt, der Hund etwa beim Spielen etwas zwickt. Sie selbst möchten sicherlich in der Sozialisierungsphase positiv auf Ihren Hund einwirken, denn alles was Ihr Welpe in diesem Entwicklungsstadium lernt, prägt für die Zukunft seine Entscheidungen und Eigenarten. Ein junger Hund, der einmal schlechte Erfahrungen mit einem Kind gemacht hat, wird auch als erwachsener Hund scheu oder aggressiv gegenüber Kindern sein, aber Sie möchten ja einen rundherum lieben und gut zu haltenden Hund haben.

Erziehungs-, Trainingshilfen und -anleitungen

Hunde sind Rudeltiere, daher benötigen sie einen Rudelführer, wenn kein Anführer vorhanden oder gegenwärtig ist, versuchen Sie, in dem Rudel der Führer zu werden. Wenn ein Hund zu Ihnen in die Familie kommt, liegt es ganz bei Ihnen - wer ist der Anführer und wer gehört zum Rudel. Das intuitive Verlangen nach Dominanz macht es nahezu fast unmöglich, in diesem bezaubernden Border Collie Welpen, mit den entzückenden Augen (Hundeaugen) und den zu groß geratenen, schlaff herunter hängenden großen Ohren, darin jemanden zu sehen, der diesen unfairen Vorteil ausnutzt, die Rudelführung (Oberhand) zu übernehmen. Der junge Hund versucht es bestimmt immer wieder, wie weit er gehen darf. Geben Sie nicht diesen treu dreinblickenden Augen nach, greifen Sie auch konsequent durch, sollte es zur Disziplinierung kommen, und vergewissern Sie sich darüber, daß auch alle Familienmitglieder dasselbe tun. Es macht den Welpen nur konfus, wenn Mutter sagt, er solle hinunter vom Sofa gehen, wenn er doch gewöhnt ist, mit Vater dort zu sitzen und die Abendnachrichten anzuschauen. Vermeiden Sie Diskrepanzen, lassen Sie alle im Haushalt lebenden Personen über gewisse Grundregeln entscheiden und Unklarheiten ausräumen, bevor der Welpe ins Haus kommt. Und seien Sie, wenn Sie sich durchsetzen wollen, einer Meinung! Frühe Ausbildung formt die Persönlichkeit des Hundes, nur so wissen Sie genau, was Sie zu erwarten haben.

Ein Lieblingsspielzeug hält den Welpen davon ab, an unerwünschten Dingen herumzukauen.

Allgemeine Welpenprobleme

Ein geeignetes Mittel, Probleme zu verhindern ist, aktiv beim unerwünschten Benehmen einzugreifen, sobald es beginnt. Eine alte Redensart „Sie können keinem alten Hund neue Kunststücke lehren“ trifft nicht immer zu. Aber mit Sicherheit stimmt es, schneller einem heranwachsenden jungen Hund schlechte Manieren beizubringen, als sie einem erwachsenen Hund wieder abzugewöhnen. Hier gibt es in der Entwicklungsphase bei Welpen ganz spezielle Probleme.

Kauen/ Knabbern

Wenn Welpen Zähne bekommen, möchten sie diese auch gebrauchen bzw. benutzen. Unglücklicherweise probieren sie dies oft an Fingern, Armen, Haaren, Zehen oder was gerade sonst noch zur Verfügung steht aus. Für die ersten 5 Sekunden finden Sie es vielleicht noch niedlich, aber schnell merken Sie, wie scharf die Zähne wirklich sind.

Weinen, Winseln und Jaulen

Welpen heulen meistens, wenn sie sich unbeachtet oder allein gelassen fühlen. Auf diese Weise macht der Welpe auf sich aufmerksam, um sicher zu sein, daß Sie ihn nicht vergessen haben. Er fühlt sich unsicher, wenn er allein ist, Sie sind beispielsweise außer Haus und er ist in der „Hundekiste“ oder Sie sind in einem anderen Teil des Hauses und der Welpe kann Sie nicht sehen. Mit dem Heulen bringt der Welpe seine Sorge zum Ausdruck, wie und was er fühlt, wenn er meint, allein zu sein. Es ist ihm also beizubringen: Es ist alles in Ordnung, auch wenn er allein ist. Sie trainieren den Hund nicht tatsächlich, mit dem Lärm aufzuhören, sie zeigen ihm, daß Sie Vertrauen zu ihm haben, auch wenn er allein ist. Sie lenken auf diese Art davon ab, daß er seinem Verlangen nachkommt, jetzt zu heulen. Seine vertraute Umgebung wird die Kiste

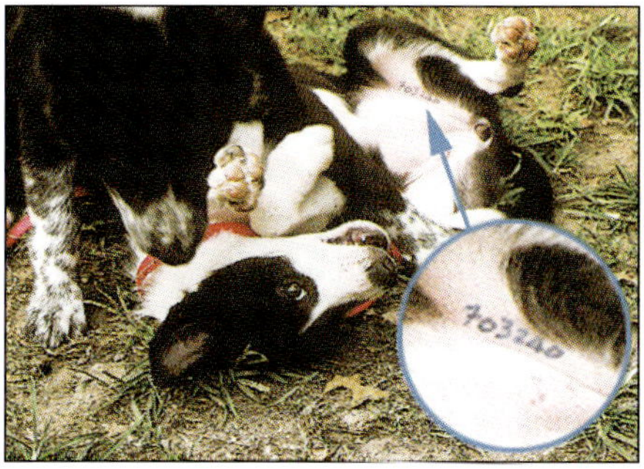

Zeit zum Spielen! Die Welpen sind nun tätowiert, um sie richtig identifizieren zu können (siehe Vergrößerung innerhalb des Fotos). Der gesamte Wurf wird während oder kurz vor der Wurfabnahme tätowiert.

mit gemütlicher Decke und seinem Spielzeug sein. Sollten Sie einmal nicht auf den Welpen aufpassen können, wissen Sie, daß er sich auf diesem Platz sicher fühlt und sicher ist und nicht irgendwo im Haus herumläuft. Damit der Welpe in seiner Kiste bleibt, ohne jegliches „Getue" und Widerspruch, muß es gemütlich sein. Es ist sehr wichtig hierbei zu erwähnen, daß die Kiste nicht als „Strafplatz" verwendet wird, damit der Welpe sie nie mit einer negativen Erfahrung in Verbindung bringt. Gewöhnen Sie den Welpen schnell ans Körbchen oder an die Kiste, und steigern Sie allmählich die Zeitintervalle, in denen der junge Hund sich mit Freude darin aufhält. Bleiben auch Sie in der Nähe. Sollte er dann heulen oder ein ähnliches Getue machen, gehen Sie nicht sofort zu ihm, bleiben Sie aber in Sichtweite. Er wird sehr schnell merken, daß sein Aufenthalt in der Kiste/Korb sicher ist, auch ohne Ihre Anwesenheit und Hilfe, und er wird nicht traumatisch, wenn Sie nicht ständig um ihn herum sind.

Wenn Sie wollen, können Sie während Ihrer Abwesenheit im Hause leise das Radio spielen lassen. Der Klang menschlicher Stimmen kann eventuell tröstend wirken.

Wußten Sie schon?

Das Kauen geht Hand in Hand mit der Zeit des Zahnwechsels, in der der Welpe ständig etwas zum Kauen sucht, um sein Zahnfleisch zu beruhigen. Statt an Ihnen zu kauen, bevorzugt er vielleicht einen Ihrer Schuhe oder etwas anderes, das er nicht kauen sollte. Bedenken Sie, daß dies ein normales Hundeverhalten ist, das nicht unterbunden, sondern nur in die richtigen Bahnen gelenkt werden muß. Ihr Hund muß lernen, auf welchen Dingen er kauen darf und auf welchen nicht. Sagen Sie ihm immer wieder „Nein!", wenn Sie ihn beim Kauen an Verbotenem erwischen und geben Sie ihm ein Kauspielzeug. Am besten sind feste Spielsachen wie Büffelhautknochen. Loben Sie ihn umgekehrt, wenn er auf etwas Erlaubtem, für ihn geeigneten, kaut. Der Welpe sollte mit dem Kauen aufhören, wenn seine Zähne vollständig durchgebrochen sind. Viele erwachsene Hunde machen mit diesem Verhalten aus den verschiedensten Gründen weiter - vielleicht weil sie gelangweilt sind, vielleicht um Spannung abzubauen oder vielleicht kauen sie einfach gerne. Deshalb ist es wichtig, das Kauen zu lenken, wenn der Hund noch jung ist.

Innere Organe und Skelettstruktur

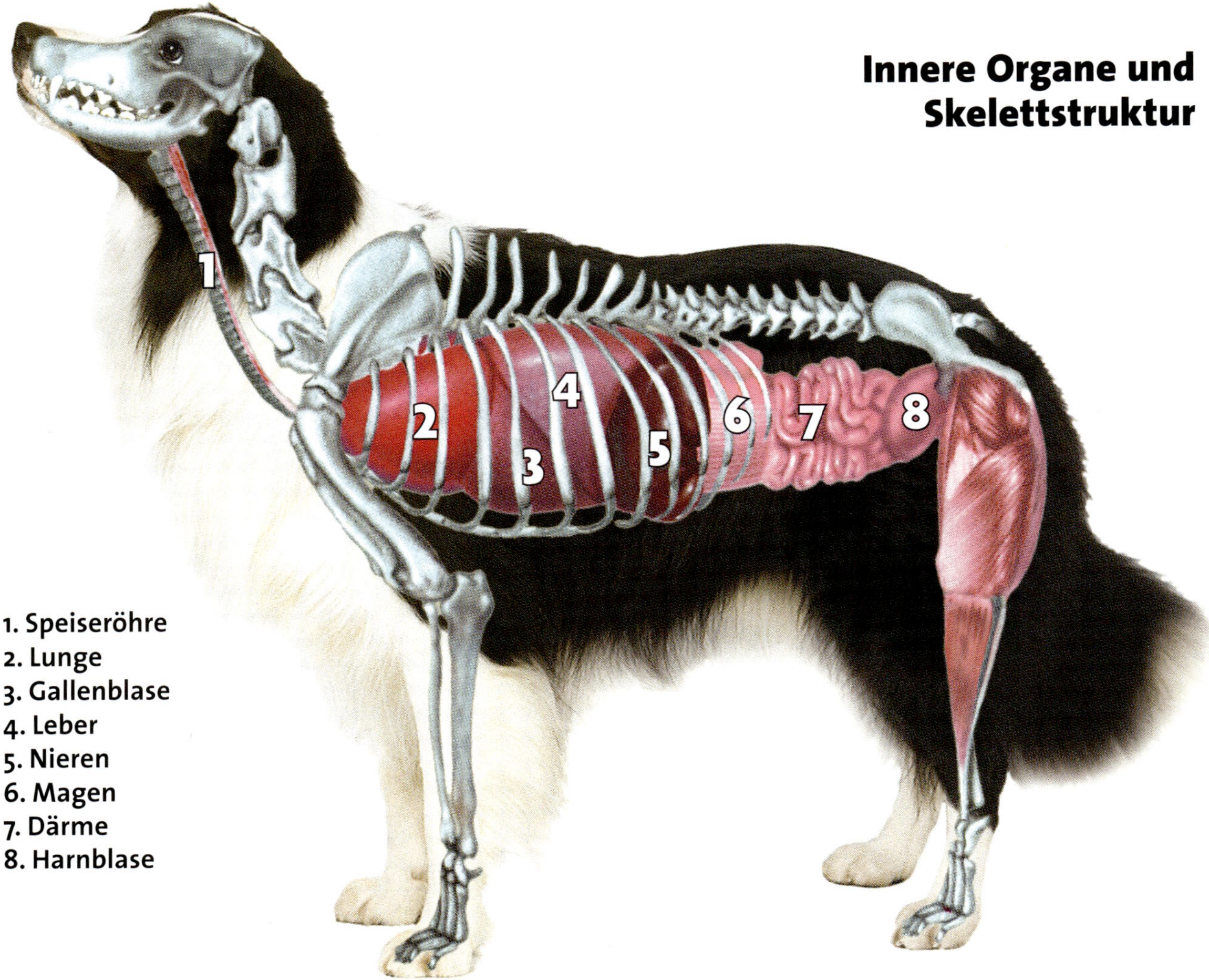

1. Speiseröhre
2. Lunge
3. Gallenblase
4. Leber
5. Nieren
6. Magen
7. Därme
8. Harnblase

Tägliche Pflege des Border Collies

Ernährung und Fütterung

Sie haben es wahrscheinlich schon tausendmal gehört: „Sie sind das, was Sie essen“. Ob Sie es nun glauben oder nicht, es stimmt. Hunde sind somit das, womit Sie diese füttern, da sie das Futter nicht selbst auswählen können. Sogar solche Leute die meinen das Beste zu füttern, wissen es selbst aber oft nicht genau, ob es wirklich das Beste ist, da sie keine Ahnung haben, welche Nahrung am geeignetsten für ihren Hund ist.

Hundenahrung wird in drei Grundarten unterteilt. Trocken-, Halbfeucht- und Feuchtfutter, konserviert in Dosen. Trockennahrung ist günstiger im Kauf, als Halbfeucht- oder Dosenfutter. Trockenfutter enthält heutzutage trotz des geringeren Preises optimale Nährstoffe. Die meisten sind auch schon ohne Konservierungsmittel. Dosenfutter hingegen beinhaltet ca. 60-70 % Wasser, während Halbfeuchtfutter sehr viele Zucker- oder Süßstoffe enthält. Diese werden von Hundebesitzern gemieden, jedoch von Hunden geliebt (wie kleine Kinder auch die Süßigkeiten lieben).

In der EU gibt es extrem strenge Richtlinien, die besagen, daß in der Tiernahrung weniger Zusatzstoffe erlaubt sind als in unserer Nahrung. Bei der Auswahl eines Futters beachten Sie drei Stufen des Wachstums und Alters: Die Welpenphase, die des erwachsenen Hundes und die des älteren Hundes.

Was füttere ich meinem Hund?

Die Wahl einer guten Trockennahrung ist schwierig. Es gibt keine einheitliche Meinung unter Veterinärwissenschaftlern bezüglich des Wertes von Futteranalysen (Protein, Fett, Feuchtigkeit, Rohasche, Cholesterin, Mineralen usw.). Aber alle stimmen darin überein, daß man bei jeder Fütterung den einzelnen Hund betrachten muß. Sein Gewicht, sein Alter, seine Aktivität und seine Vorlieben müssen berücksichtigt werden. Die Ernährungserfordernisse jedes einzelnen Hundes variieren sogar im Laufe seines Lebens. Wenn Sie Ihrem Hund eine gute Trockennahrung füttern, erfordert es keine Ergänzungen von Fleisch oder Gemüse. Hunde schätzen etwas Vielfalt ihrem Futterplan, so daß Sie zwar bei derselben Marke bleiben sollten, aber das Aroma variieren können. Alternativ können Sie etwas Flüssigwürze hinzufügen, um den Geschmack unterschiedlich zu gestalten.

Welpenphase

Welpen haben einen natürlichen Instinkt, Milch von den Zitzen ihrer Mutter zu saugen. Dieses Verhalten sollten sie vom ersten Tag ihres Lebens zeigen. Wenn sie nicht innerhalb weniger Stunden von der Brust trinken, versuchen Sie sie an die Zitze der Mutter anzulegen. Schlägt dieser Versuch fehl, muß mit dem Rat und unter Anleitung eines Tierarztes die fehlende Fütterung ausgeglichen werden. Das ist nun Ihre Aufgabe. Man benötigt jetzt eine Babyflasche und spezielle Welpenmilch. Die Milch der Mutter ist besonders gehaltvoll, weil sie Kolostrum - Vormilch enthält, die die Welpen in den ersten Tagen schützt, weil diese Muttermilch Antikörper enthält.

Den Welpen sollte gewährt werden, ca. sechs Wochen lang zu saugen. Danach sollten sie langsam von der Mutter entwöhnt werden, mit kleinen Mengen Dosenfleisch für Welpen ab etwa der 4. Lebenswoche. Ab der 8. Lebenswoche sollten sie vollständig entwöhnt sein und nur noch Welpenfutter zu sich nehmen. Während der Entwöhnungszeit ist die Ernährung am wichtigsten, da der Welpe im ersten Lebensjahr am schnellsten wächst. Spezielle Wachstumsnahrung kann Ihnen Ihr Tierarzt empfehlen, sie sollte gegebenenfalls bis zum Alter von 18 Monaten gefüttert werden.

Ernährung des erwachsenen Hundes

Als erwachsen bezeichnet man den Hund, wenn sein Wachstum beendet ist. Als Größe bezeichnet man die Höhe oder die Länge. Lassen Sie das Gewicht des Hundes außer Betracht, wenn Sie die Entscheidung treffen zwischen Welpenkost und der weiteren Hauptnahrung. Sie

Achten Sie drauf!

Ein Nachweis für korrekte Ernährung ist die Farbe, der Geruch und die Konsistenz des Stuhlganges Ihres Hundes. Ein gesunder Hund produziert normalerweise drei halbfeste „Haufen“ pro Tag. Sein Stuhl sollte keinen unangenehmen Geruch haben und die Farbe sollte jedesmal gleich sein.

Auf den Inhalt kommt es an!

Hundenahrung sollte Raumtemperatur haben und weder zu heiß noch zu kalt sein. Frisches Wasser soll täglich erneuert und in einer sauberen Schüssel angeboten werden, besonders wenn Sie Trockennahrung füttern. Füttern Sie Ihren Hund niemals vom Tisch während Sie essen. Geben Sie Ihrem Hund niemals Essensreste Ihrer eigenen Mahlzeit. Diese enthalten normalerweise zu viel Fett und zu viel Gewürze. Hunde müssen ihre Nahrung kauen. Schwere Pellets sind ausgezeichnet, Suppen und Soßen sollen vermieden werden. Fügen Sie der Hundenahrung keine Reste oder Extras hinzu. Die normale Nahrung ist ausgewogen, und etwas zusätzliches zerstört das Gleichgewicht. Außer durch altersspezifische Änderungen, erfordern Hunde keine weiteren Ernährungsvariationen. Sie können täglich dasselbe Futter erhalten, ohne daß es den Hund langweilt oder daß er krank wird.

können sich aber auch von Ihrem Tierarzt ein akzeptables Hauptfutter empfehlen lassen. Große Hundefuttermittelhersteller haben sich darauf spezialisiert, die für Ihren Hund notwendige Nahrung zu produzieren, zu testen und die schmackhafteste anzubieten. Aktive Hunde haben andere Futteranforderungen als ruhige, weniger aktive Hunde. Das Erwachsenenalter erreicht der Border Collie ungefähr nach 2 Jahren, einige sind schon nach 18 Monaten ausgereift, andere wiederum benötigen dafür bis zu 3 Jahre. Welches Futter Sie dem Hund auch verabreichen, halten Sie sich nie ausschließlich an die Fütterungsanweisung des Herstellers.

Beurteilung des Ernährungszustandes

- Die Rippen sind zu fühlen
- Die Hüftknochen sind tastbar, stehen aber nicht hervor
- Der Hund hat im Lendenbereich eine sichtbare „Taille“

Wußten Sie schon?
Trockennahrung muß stets sorgfältig gelagert werden. Offene Pakete verlieren den Vitaminwert normalerweise innerhalb 90 Tagen nach Anbruch der Packung. Ebenso kann das Futter von Formsporen und Ungeziefer befallen werden.

Ein Border Collie wird als erwachsen betrachtet, wenn er die Wachstumsphase beendet hat.

Ernährung für den älteren Hund

Wenn Hunde älter werden, ändert sich ihr Stoffwechsel. Der ältere Hund bewegt sich normalerweise weniger, läuft langsamer und schläft mehr. Diese Änderung der

Welches Futter geben Sie Ihrem Hund?

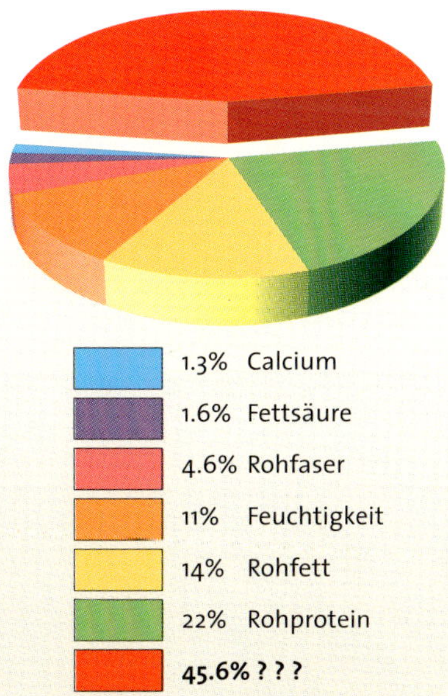

Lesen Sie sich die Inhaltsbeschreibung sorgfältig durch. Bei vielen Hundenahrungsmitteln sind nur 50 bis 55 % der Inhaltsstoffe auf der Packung beschrieben und lassen Sie über die verbleibenden 45 % im Unklaren.

Border Collies müssen in jeder Altersstufe ein ausgewogenes Futter erhalten.

Lebensgewohnheit und körperlicher Leistung erfordert eine Ernährungsumstellung. Die Umstellungen gehen langsam vonstatten und müssen nicht gleich erkennbar sein. Sie können leicht erkennen, wenn Ihr Hund an Gewicht zunimmt. Bei kontinuierlicher Fütterung mit dem gleichen Futter und gleichzeitig träger werdendem Stoffwechsel, nimmt der Hund zu. Fettleibigkeit bei einem alten Hund bringt Gesundheitsprobleme mit sich und ist oft eine Begleiterscheinung des Alters.
Wenn Ihr Hund älter wird, nimmt die Funktion einiger Organe ab. Die Nieren arbeiten weniger und andere innere Organe arbeiten weniger wirkungsvoll. Diese Faktoren der Altersbegleiterscheinungen können am besten mit einer Ernährungsumstellung reguliert werden. Futterwechsel und Änderung des Futterplanes in den man kleinere, leichter verdauliche Portionen verabreicht, sind wichtig zu erwähnen. Es gibt für jeden alten Hund eine gute Ernährung. Während vielen Hunden leichte Kost oder Seniorfutter gut bekommt, ist für andere Welpennahrung oder ähnlich ausgewähltes Futter mit Lamm und Reis besser geeignet. Zeigen Sie Fingerspitzengefühl bei der Wahl des Futters für Ihren Senior Border Collie, es hilft Ihnen dabei, anderen Problemen vorzubeugen, die bei Ihrem alternden Freund entstehen könnten.

Wußten Sie schon?

Eine Vielzahl von Futtersorten für erwachsene Hunde beinhaltet Getreide als Grundlage. Dies ist vollkommen richtig, soweit es kein Sojamehl enthält. Sojamehl ist häufig die Ursache für Blähungen. Aus Getreide hergestelltes Futter ist günstiger im Preis. Qualitativ ist es genausogut wie teures, welches mehr tierisches Eiweiß enthält. Jeder Hund braucht eine kleine Menge tierisches Protein. Es gibt viele spezielle Futtersorten für jeden Hund.
Es gibt auch Gründe für eine Spezialdiät Ihres Hundes. Sollte hier eine Notwendigkeit bestehen, lassen Sie sich dabei von Ihrem Tierarzt beraten.

Wasser

Außer der guten Ernährung braucht Ihr Hund auch täglich frisches Wasser. Wasser ist gut für den ständigen, gleichmäßigen Erhalt von Feuchtigkeit im Körper und fördert zugleich alle normalen Körperfunktionen. In der Erziehungsphase (stubenrein) achten Sie darauf, wieviel Wasser Ihr Border Collie trinkt. Erst einmal richtig erzogen, sollte er stets frisches, sauberes Wasser zur Verfügung haben. Der Trinknapf sollte immer sauber sein und der Inhalt öfter erneuert werden.

Körperliche Bewegung

Alle Hunde benötigen, unabhängig von der Rasse, in irgendeiner Form Bewegung. Ein zu ruhiger Lebensstil ist keinesfalls wünschenswert für den Hund wie für das Herrchen. Der Border Collie gehört zu den wirklich aktiven Hunderassen, die mehr Bewegung benötigen, als manch andere. Der Border Collie als Haushund hat leider nicht den Vorteil genügender Bewegung durch seine ursprüngliche Arbeit, dem Hüten der Schafe auf den Hügeln des Hochlandes. Denn nur das hält ihn aktiv und fit. Besitzer von „nur" Familienhunden benötigen eine sehr große Ausdauer, damit der Border Collie nicht geistig und körperlich in Mitleidenschaft gezogen wird, vielleicht sogar verkommt oder verkümmert. Sie brauchen kein Marathonläufer zu sein, um Ihrem Hund genügend Bewegung zu bieten. Ausdauernde Spaziergänge, mehrmals am Tag, gemeinsames Spielen im Garten oder den Hund unter Aufsicht einfach frei im Garten herumlaufen lassen, sind zusätzliche Möglichkeiten für die Bewegung des Border Collie. Im wesentlichen ist die Bewegung nicht nur für den Körper, sondern auch für das seelische Wohlbefinden gut. Ein sich langweilender Hund äußert dies oft durch negative, meist zerstörerische Verhaltensweisen.

Außerdem ist Bewegung auch für das Wohlbefinden des Besitzers sinnvoll. Unter allen Hunderassen benötigen die Border Collies die wohl umfangreichste Bewegungsauslastung. Sollte es sein, daß er seinen Bewegungsdrang nicht genügend ausleben kann, leidet der Border Collie tausendfach höllische Qualen - aus Langeweile.

Border Collies benötigen sehr viel mehr Beschäftigung als andere Hunderassen. Während nicht alle Border Collies das Wasser lieben, sind andere begeisterte Schwimmer und halten ein Bad in einem Fluß, Teich oder See stets für eine willkommene Abwechslung.

Pflege

Das Bürsten

Eine glatte einfache Naturbürste oder eine Nadelbürste sind für die Fellpflege sehr hilfreich. Durch tägliches Bürsten entfernen Sie lose, ausgefallene Haare und stimulieren die natürlichen Haarfette. Diese geben dem Fell Glanz und gesun-

Die Pflege Ihres Hundes sollte immer Spaß machen und niemals eine Pflichtübung sein.

des Aussehen. Ein Border Collie mit kurzem oder halblangem Fell benötigt ein ca. fünfminütiges Durchbürsten, damit es wieder glatt und schön aussieht. Tägliches Bürsten minimiert Verfilzungen und Verflechtungen des Felles. Es befreit zudem von Staub und Schuppen und entfernt zugleich lose Haare. Regelmäßige Pflegezeiten dienen auch dazu, sich mit dem Hund zu beschäftigen. Viele Hunde freuen sich mit wachsender Begeisterung darauf, täglich gebürstet zu werden. Border Collies mit längerem

Ihr Border Collie sollte täglich fünf Minuten gebürstet werden. Der regelmäßige Körperkontakt verstärkt die Bindung zwischen Mensch und Hund.

und vollerem Fell, muß mehr Beachtung und Aufmerksamkeit bei der Pflege beigemessen werden, besonders im Fellwechsel. Haarknoten bilden sich bei schlechter oder unregelmäßiger Pflege besonders am Ohrenansatz oder an den Beinen.

Baden

So oft wie die Menschen, brauchen Hunde nicht zu baden. Aber ein regelmäßiges Bad ist gut für gesunde Haut und gesundes, glänzendes Fell. Beim Baden ist es wie mit vielen anderen Dingen auch, wenn Sie Ihrem Hund schon als Welpen das Baden angewöhnt haben, wird er es als erwachsener Hund wie selbstverständlich hinnehmen. Ein ungezwungenes Bad ist für Sie und Ihren Hund eine angenehme Angelegenheit, denn Sie möchten sicherlich nicht, daß es für sie beide eine nasse und eine unangenehme Angelegenheit wird. Bürsten Sie Ihren Border Collie vor dem Bad gründlich durch, bevor sein Fell naß wird. Dies löst Verflechtungen und Verfilzungen schon im Ansatz. Verfilztes Fell läßt sich im nassen Zustand schwer durchbürsten. Stellen Sie Ihren Hund auf eine rutschfeste Unterlage. Beginnen Sie nun damit, das Fell naß zu machen. Ein Duschkopf hilft Ihnen bei der gründlichen Vorwäsche des Felles. Die Temperatur des Wassers sollte weder zu kalt noch zu heiß sein. Als nächstes nehmen Sie Hundeshampoo und schäumen das Fell gut ein. Kaufen Sie bitte ein spezielles Hundeshampoo. Benutzen Sie kein Produkt für Menschenhaare. Zuletzt waschen Sie den Kopf. Es soll kein Shampoo ins Auge laufen, während Sie den Körper waschen. Das Shampoo sollte bis auf die Haut einmassiert werden. So

Wußten Sie schon?

Der Gebrauch von für Menschen hergestelltes Shampoo, Seifen und Badezusätzen kann sehr schädlich für die Haut und das Fell Ihres Border Collies sein. Für den Menschen gedachte Produkte sind zu stark und können die wasserabweisende Schutzschicht des Hundefells angreifen. Ihr Border Collie benötigt nur dann ein Bad, wenn sein Fell sehr schmutzig ist oder Ihr Tierarzt ihm ein medizinisches Bad verordnet. In jedem Fall benutzen Sie ein spezielles Hundeshampoo.

Bevor Sie das Fell Ihres Border Collies waschen, sollten Sie es gründlich bürsten.

haben Sie auch die Möglichkeit festzustellen, ob Kratzer, Bisse oder andere Abnormitäten auf der Haut vorhanden sind. Vernachlässigen Sie dabei keine auch noch so schwer zugängliche Stelle des Körpers. Nachdem der Hund nun gründlich eingeseift worden ist, benötigt er eine gleichmäßige, gründliche Spülung. Im Fell zurückbleibendes Shampoo kann zu Hautreizungen führen. Die Augen schützen Sie beim Ausspülen mit angewinkelter Handfläche vor dem direkt herabfließenden Wasser. Vermeiden Sie, daß Wasser ins Ohr beziehungsweise in den Gehörgang fließt. Sie müssen jetzt damit rechnen, daß sich Ihr Hund ausschütteln will und sollten ihm ein Handtuch umlegen. So trocknen Sie sein Fell vor und verhindern gleichzeitig, daß Ihr Badezimmer vollständig naßgespritzt wird. Halten Sie ihn dabei fest, denn Sie möchten sicher nicht, daß er naß durch das ganze Haus rennt.

Reinigung der Ohren

Die Ohren sollten stets sauber gehalten werden. Übermäßige Haare im Innenren des Ohres sollten entfernt oder gekürzt werden. Für die Reinigung gibt es beim Tierarzt flüssige Reinigungsmittel, die sich von selbst verteilen und den Schmutz lösen.

Achten Sie dabei auf Anzeichen von Infektionen oder Ohrmilbenbefall. Wenn sich Ihr Border Collie häufig schüttelt oder am Kopf kratzt, können Milben manchmal die Ursache sein. Ein ungewöhnlicher Geruch im Ohr ist ebenfalls ein Anzeichen für

Bei der Fellpflege auf die Gesundheit achten

Wenn Ihr Hund sehr naß ist, streichen Sie das Wasser mit der Hand aus seinem Fell oder rubbeln Sie ihn mit

einem Handtuch trocken. Sie können sein Haar mit einem Fön trocknen oder es einfach an der Luft trocknen lassen. Bei kaltem Wetter dürfen Sie Ihren Border Collie niemals zu lange mit nassem Fell herumlaufen lassen.
Im Fachhandel erhalten Sie auch Trockenshampoos oder Sprays für eine Anwendung zwischendurch. Sie sind kein Ersatz für regelmäßige Bäder, aber sie sind leicht für Auffrischungen zu verwenden, weil das Fell des Hundes nicht naß wird.

Nachdem Ihr Border Collie gewaschen und getrocknet worden ist, sollte sein Fell gründlich ausgekämmt werden.

Die Ohren sollten vorsichtig gereinigt werden. Kontrollieren Sie sie nach Milben, Infektionen oder Hautirritationen.

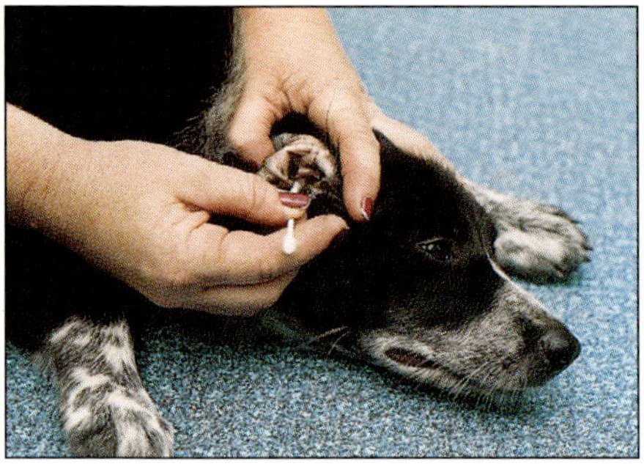

Eine große Auswahl der verschiedensten Haarpflegeartikel hält Ihre Tierhandlung für Sie bereit.

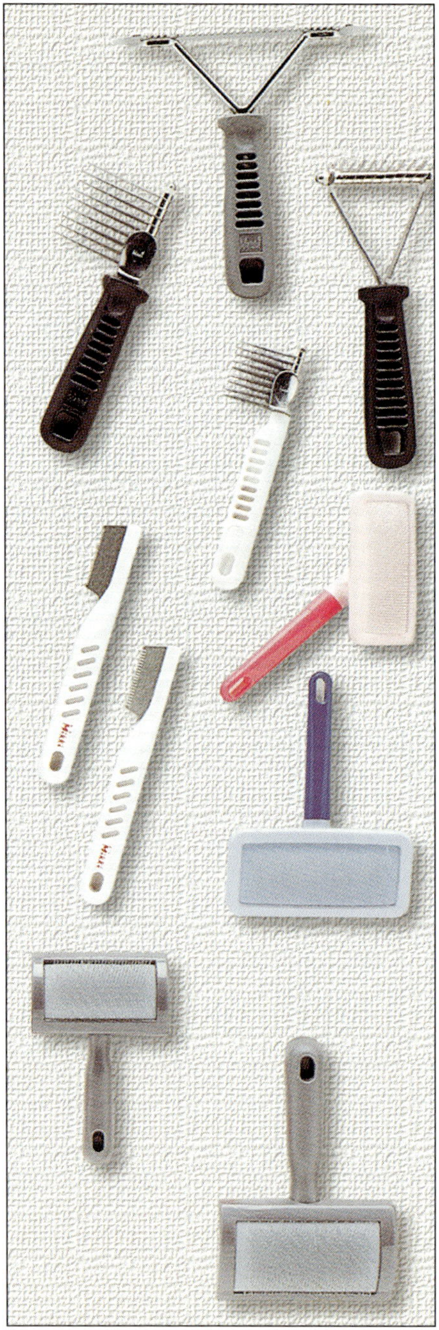

Ohrmilben oder Infektionen. Sie sollten in diesem Fall einen Tierarzt aufsuchen.

Krallen schneiden

Ihr Border Collie sollte sich schon früh an das schneiden der Krallen gewöhnen, denn es wird ein Teil der routinemäßigen Pflege sein.
Nicht nur, daß es besser aussieht, er kann auch, sollte er irgendwo hochspringen, etwas beschädigen oder jemanden unabsichtlich kratzen. Lange Krallen können leichter verletzt werden, aufreißen und bluten dann stark. Außerdem werden die Füße bei zu langen Krallen weit und

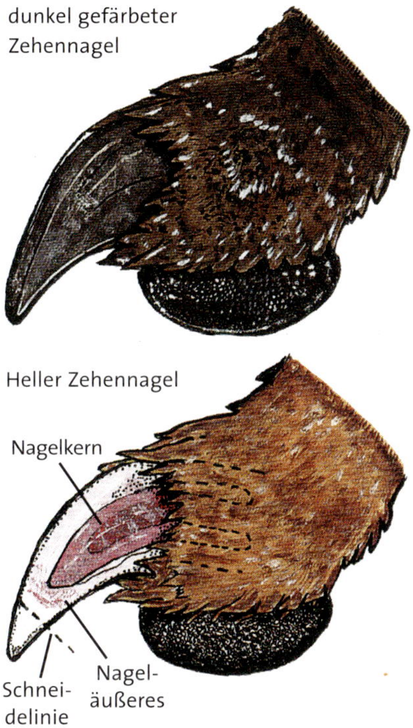

Heller gefärbte Nägel sind leichter zu schneiden als dunkle, weil man das Nagelinnere besser sieht. Wenn Sie sicher sein wollen, den Hund nicht zu verletzen, schneiden Sie nur von Zeit zu Zeit am äußeren Ende.

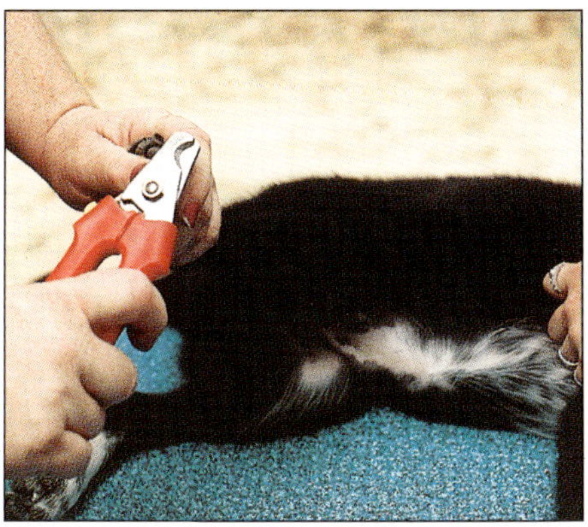

breit. Wenn die Krallen zu lang sind, hört man beim Laufen das Geräusch von klickenden Nägeln auf dem Fußboden. Dies kann man sich als Anhaltspunkt für das notwendig werdende Krallenschneiden merken. Überzeugen Sie sich vor dem ersten Schneiden, wo sich der „Kern" in jeder Kralle befindet. Damit ist die Blutvene gemeint, die im Zentrum jeder Kralle verläuft. Sie wird zum Ende hin immer schmaler. Versehentlich angeschnitten, blutet es sehr stark und ist sehr schmerzhaft, weil sich dort die Nervenenden befinden.
Sollten Sie dennoch versehentlich zu weit geschnitten haben, verwenden Sie ein blutstillendes Mittel (ähnlich wie es beim Rasieren

Pflegeartikel, aber welche?

Welche Pflegeartikel Sie benötigen, hängt davon ab, welchen Pflegeaufwand Sie betreiben wollen. Hier sind Bespiele für die Auswahl der Pflegeartikel:

- Naturbürste
- Drahtbürste
- Metallkamm
- Scheren
- Fön
- Gummimatte
- Hundeshampoo
- Ohrenreiniger
- Wattepads
- Handtücher
- Nagelschere/ Krallenzange

Im Zoofachhandel erhalten Sie spezielle Nagelscheren für Ihren Hund.

Um den Pfoten ein ordentliches Aussehen zu verleihen, entfernen Sie zu lang gewachsene Haare mit der Trimmschere.

benutzt wird). Die Blutung wird schnell gestoppt, währenddessen können Sie mit der Krallenpflege fortfahren. Geraten Sie nicht in Panik, stoppen Sie die Blutung einfach und reden Sie beruhigend mit Ihrem Hund. Nachdem er sich beruhigt hat, wenden Sie sich der nächsten Kralle zu. Es ist besser, immer nur ein Stückchen abzuschneiden, insbesondere bei Hunden mit schwarzen Krallen. Halten Sie Ihren Welpen beim Schneiden gut fest und geben Sie ihm keine Gelegenheit, zwischendurch plötzlich wegzulaufen. Reden Sie sanft und streicheln Sie ihn dabei. Halten Sie die Pfote in Ihrer Hand fest und schneiden Sie jedes Ende der Kralle mit einem kurzen, schnellen Schnitt. Sie können spezielle Krallenscheren für Hunde im Fachhandel für Hundezubehör erwerben.

Reisen mit Ihrem Border Collie

Autoreisen

Sie sollten frühzeitig damit anfangen, Ihren Border Collie an das Autofahren zu gewöhnen. Letztendlich müssen Sie einmal zum Tierarzt fahren und es könnte vielleicht ein großes Theater geben und Nerven kosten. Die sicherste Methode, den Hund ins Auto zu bekommen ist, ihn im Hundetransportkäfig unterzubringen und darin zu transportieren. Auch eine Kunststoffbox ist praktisch für Reisen. Benützen Sie im Haus einen Faltdrahtkäfig, wäre es vorteilhaft sich zusätzlich eine Kunststoffbox oder einen Korbkäfig anzuschaffen. Faltdrahtkäfige können Sie selbstverständlich auch auf Reisen benutzen, jedoch sind die anderen genannten Ausführungen sicherer. Setzen Sie nun den Welpen in den Käfig und schauen Sie, wie er reagiert. Wirkt er dabei unruhig, sollten Sie jemanden bitten, während der Fahrt Ihren Hund auf den Schoß zu nehmen. Im Fachhandel gibt es, als andere Möglichkeit, einen

Achten Sie drauf!

Wenn ein Hund häufig auf hartem Fußboden oder Untergrund wie Beton oder Steinplatten läuft, nutzen sich seine Krallen automatisch ab und erübrigen ein Kürzen der Nägel mit einer Krallenschere. Ausgenommen hiervon sind die kälteren Jahreszeiten, in denen der Hund sich häufig im Haus aufhält. Deshalb sollten Sie Ihren Hund in jedem Fall an eine regelmäßige Krallenpflege gewöhnen. Manche Hunde sind sehr sensibel, wenn man ihre Pfoten anfassen möchte. Wenn Ihr Hund das Krallen schneiden bereits als junger Hund lernt, wird es ihn nicht mehr stören.

Mit dem Hund im Urlaub!

Auf Reisen dürfen Sie Ihren Hund niemals unangeleint herumlaufen lassen. Es könnte passieren, daß er vielleicht aus Furcht davonläuft oder einer Katze nachjagt, - er könnte sich auch nur die Beine ein wenig vertreten wollen. Dann sehen Sie Ihren vierbeinigen Freund vielleicht nie wieder.

speziell für den Hund entwickelten Sicherheitsgurt. Den Hund im Auto während der Fahrt unangeleint herumlaufen lassen, lenkt möglicherweise ab und ist ziemlich gefährlich. Scharfes Bremsen führt dazu, daß der Hund durch das Auto geschleudert wird und sich schwer verletzen kann. Sollte der Hund beginnen, im Auto herumzuklettern oder auf Sie zu steigen und Sie zu nerven, während Sie fahren, werden Sie nicht in der Lage sein, sich auf die Straße zu konzentrieren. Dies ist für alle eine unsichere Situation - für den Mensch und den Hund. Auf langen Fahrten geben Sie dem Hund bei Zwischenstops ausreichende Möglichkeiten sich zu lösen. Nehmen Sie auch Papiertücher mit ins Auto, falls dem Hund übel werden sollte.

Identifikation ist Vorsorge

Wenn Ihr Hund verlorengeht, kann er nicht nach dem Heimweg fragen. Ein Adressenanhänger, der am Halsband befestigt wird, sollte wichtige Informationen enthalten – den Namen des Hundes, den Namen des Besitzers, die Adresse des Besitzers und eine Telefonnummer, unter der der Besitzer erreicht werden kann. So kann jemand, der den Hund findet, ohne Schwierigkeiten den Besitzer ausfindig machen und den Hund zurück nach Hause bringen. Ein zusätzlicher Vorteil ist, daß man leicht erkennen kann, daß ein allein herumlaufender Hund ein Haustier und kein Streuner ist, wenn er ein Halsband mit Adressenanhänger trägt. Dies ist die einfachste und schnellste Identifizierungsmethode, vorausgesetzt, der Adressenanhänger bleibt am Halsband und das Halsband bleibt am Hund.

Mit dem Hund unterwegs

Legen Sie öfter bei langen Autofahrten mit Ihrem Hund Pausen ein. Führen Sie immer genügend Trinkwasser mit sich. Bei Zwischenübernachtungen bedenken Sie auch, daß Hunde nicht in jedem Hotel gern gesehene Gäste sind.

Flugreisen

Wenn Sie Ihren Hund im Flugzeug mitnehmen möchten, melden Sie ihn bei der entsprechenden Fluglinie an. Es ist nicht außergewöhnlich, daß Hunde im Flugzeug reisen, aber sie benötigen hierzu eine besondere Erlaubnis. Eine spezielle Transportbox wird von den Fluggesellschaften vorgeschrieben. Falls Ihre Box geeignet ist, können Sie diese benutzen oder Sie mieten eine Box bei der Fluglinie. Ein Lieblingsspielzeug in der Box wird Ihrem Hund die Reise erleichtern. Sechs Stunden vor Beginn der Reise sollte die letzte Fütterung erfolgt sein.

Auf der Reise sollten Hunde stets gut gesichert sein. Diese Border Collies sind während der Autofahrt sicher in separaten Faltkäfigen aufgehoben.

en sind dafür jederzeit ausgerüstet und routiniert. Es ist nur die leichte Beunruhigung, daß Sie getrennt reisen.

Achten Sie drauf!
Viele Fahrten mit dem Auto unternehmen Sie mit Ihrem Hund, um eventuell den Tierarzt aufzusuchen. Die längsten Autofahrten werden die sein, um mit der gesamten Familie in Urlaub zu fahren. Welcher Anlaß oder welches der Grund dieser Reise oder Fahrt auch ist, achten Sie in jedem Fall auf die Sicherheit Ihres Hundes.

Ein voller Bauch quält den Hund nur unnötig. Ausreichend frisches Wasser sollte während der Reise ebenfalls innerhalb der Box zur Verfügung stehen. Stellen Sie sicher, daß Ihr Hund jederzeit identifiziert werden kann und befestigen Sie auch an der Transportbox eine Kennzeichnung. Tiere werden im Frachtraum transportiert. Große Fluglini-

Autos – eine schlimme Falle!
Lassen Sie Ihren Hund nie längere Zeit allein im Auto zurück. An heißen Sommertagen heizt sich ein geparktes Fahrzeug auch im Schatten schnell auf! Der Hund würde darin vielleicht sogar qualvoll verenden. Ein nur leicht geöffnetes Fenster genügt in diesem Fall nicht. Es ist sogar gefährlich, da der Hund, beim Versuch sich selbst zu befreien, verletzt werden könnte.

Unterbringungsmöglichkeiten im Urlaub

Sie möchten mit Ihrer gesamten Familie in Urlaub fahren. Sie treffen alle Vorbereitungen für die Unterkunft in der Zeit, während Ihrer Abwesenheit. Klären Sie für Ihre Urlaubsplanung rechtzeitig ab, ob an Ihrem Urlaubsort Hunde erwünscht sind. Ist es Ihnen nicht möglich, Ihren Border Collie mit in den Urlaub zu nehmen, müssen Sie dafür besondere Vorkehrungen treffen.
Vielleicht könnte ein Nachbar oder Familienangehöriger den Hund für die Zeit des Urlaubs in Obhut nehmen? Anderenfalls sollten Sie sich nach einer geeigneten Hundepension umsehen. Bei einem vorherigen Besuch können Sie sich von den örtlichen Gegebenheiten und den hygienischen Zuständen überzeugen. Unterhalten Sie sich mit den

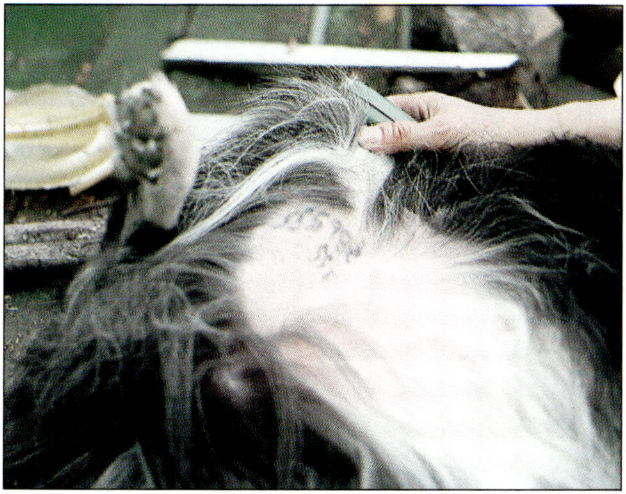

Eine Erkennungstätowierung plaziert man gewöhnlich auf einen haarlosen Körperteil, wie hier auf der Innenseite des Hinterlaufes.

Pflegern, beobachten Sie deren Umgang mit den Tieren und bringen Sie in Erfahrung, wieviel Zeit für die Pensionsgäste aufgewendet wird. Sie wissen, daß Ihr Border Collie sich bei unzureichender Beschäftigung nicht wohl fühlt. Berücksichtigen Sie weiterhin, daß die erforderlichen Impfvorschriften zwingend eingehalten werden müssen. Das Risiko von Krankheitsübertragungen ist größer, je mehr Tiere zusammen sind. Als Alternative bieten auch Tierärzte derartige Unterbringungsmöglichkeiten an. Fragen Sie einfach danach.

Identifikation des Hundes

Sie schätzen Ihren Border Collie als wertvollen Begleiter und Freund. Deshalb lassen Sie ihn auch kaum aus den Augen. Sie wollen sicher sein, daß er nicht aus Ihrem Garten wegläuft oder sich aus seinem Halsband befreit. Trotzdem kann es zum Beispiel bei einem Unfall vorkommen, daß der Hund in Panik gerät und wegläuft. Wenn dieses geschehen sollte, steht ein Hund oft unter Schock, er läuft weg und Sie finden ihn nicht sofort. Eine gute Identifizierung verbessert die Chance, daß Sie ihn schnell und unversehrt zurück erhalten. In vielen Ländern werden die Welpen noch vor der Abgabe beim Züchter tätowiert oder mit einem Mikroship versehen. Diese enthalten die Registriernummer, unter der der Welpe bei einem Club eingetragen wurde und die auch auf seiner Ahnentafel vermerkt ist.

Großräumige Zwingeranlagen bieten dem Border Collie Bewegungsfreiheit.

Ausbildung Ihres Border Collie

Ein Welpe auf der Suche nach einem geeigneten Platz zum Löcher graben. Tendiert Ihr Welpe dazu, Löcher in den Garten zu graben, unterbinden Sie dieses frühzeitig. Oder möchten Sie, daß Ihr Blumenbeet ständig umgegraben wird?

Das Zusammenleben mit einem nicht erzogenen Hund ist ähnlich, wie ein Klavier zu besitzen, ohne zu wissen, wie man es spielt. Es ist ein schönes Objekt zum anschauen und man freut sich, es zu besitzen. Nun nehmen Sie Klavierunterricht und plötzlich erwacht das Klavier zum Leben, bringt zauberhafte Klänge und Rhythmen hervor, so daß Ihr Herz singt und Ihr Körper schwingt. Dasselbe passiert mit Ihrem Border Collie. Zuerst erfreuen Sie sich seines Anblicks. Er fordert nicht viel, außer Futter, Wasser und täglichen Auslauf. Wenn Sie darüber nachdenken, ist dies sehr wenig, oder? Sie tragen eine große Verantwortung, ohne viel Gegenleistung. Und sehr oft entwickelt Ihr Freund dann inakzeptables Benehmen. Mit der Zeit stört es Sie und macht Sie auch wütend, weil Sie nichts gegen diese Angewohnheiten unternehmen. Letztlich kostet

es Sie nur eine Menge Geld. So hatten Sie sich die Sache nicht vorgestellt! Bilden Sie Ihren Border Collie aus. Bringen Sie ihm Gehorsam bei, am besten unter Anleitung. Lehren Sie ihm gute Manieren, - wie und warum er dieses oder jenes tun sollte - oder auch nicht tun sollte. Finden Sie den Weg der Kommunikation mit Ihrem Hund. Plötzlich nimmt der Hund einen ganz anderen Platz in Ihrem Leben ein - er ist freundlich, interessiert, benimmt sich, hat Spaß und demonstriert Ihnen täglich aufs Neue ihre gemeinsame Verbundenheit. Mit anderen Worten: Ihr Border Collie hat für Ihr Wohlbefinden ein Wunder vollbracht, denn er erinnert Sie stets daran, daß Sie nicht nur sein Herrchen sind, sondern auch sein „Held"!
Ungewöhnliche Dinge sind passiert - Sie haben einen wunderbaren Hund

Wußten Sie schon?
Hunde sind die meist verehrten Tiere, die existieren. Sie betrachten auch die „Spezies Mensch" als zugehöriges Rudel. Sie kommunizieren mit Ihnen. Sie sind ihr Rudelführer. Welpen glauben, daß Kinder sich auf ihrer Gesellschaftsebene befinden. Das Verhalten des Hundes gegenüber kleinen Kindern ist anders als bei Erwachsenen.

Achten Sie drauf!
Hunde reagieren bei Stimmungsschwankungen ihres Herrn (Rudelführer) sehr sensibel. Sprechen Sie leise mit Ihrem Hund. Sollten Sie ärgerlich sein, erheben Sie nie Ihre Stimme, um Ihren Hund zu korrigieren oder zu maßregeln. Ihren Hund „anzubellen", kann auf diese Weise bedeutungslos werden. Es wäre für ihn ebenso unverständlich wie für Sie sein Hundegebell.

(sogar Familie und Freunde haben die Umwandlung mitbekommen) und Sie freuen sich über ihn.
Es ist schwierig, sich einen Border Collie ohne eine korrekte Ausbildung vorzustellen. Die immensen geistigen als auch physischen Talente dieser Rasse verkümmern zu lassen, wäre eine große Verschwendung. Ihr Border Collie hat es verdient, in seinen Fähigkeiten gefördert zu werden. Ohne Stimulierung und Herausforderungen stirbt das Interesse Ihres Border Collies! Von allen Hunderassen ist der Border Collie hier „der ewige Student", der bereiteste Gefährte auf diesem Planeten, ein Hund für alle Jahreszeiten!
Viele erfahrene Hundeausbilder haben dieselbe interessante Feststellung gemacht: Es ist Tatsache, daß ein Welpe die höchste Erfolgsquote in seiner Entwicklung hat, wenn man ihn rechtzeitig zu einem gut angepaßten Hund erzieht. Einen etwas älteren Hund, etwa ab einem Alter von sechs Monaten bis hin zu sechs Jahren zu trainieren, kann fast gleiche Ergebnisse hervorbringen. Voraussetzung hierfür ist, daß der Eigentümer das langsamere Tempo der Gelehrigkeit des Hundes akzeptiert, und bereit ist geduldig zu arbeiten, um dem Hund zu helfen, Erfolgserlebnisse in seiner Entwicklung zu haben, um sein volles Potential auszuschöpfen. Unglücklicherweise ist es oft nur fehlende Geduld, an dem es Hundebesitzern mit älteren Hunden mangelt, wenn

Welpen sind zwischen dem 2. und 4. Lebensmonat am lernfähigsten.

sich der gewünschte Erfolg nicht einstellt. Beginnen Sie deshalb bereits beim Welpen mit der Erziehung. Eine lernfreudige Phase hat der Welpe zwischen der 8. bis 16. Lebenswoche (evtl. bis hin zur 20. Lebenswoche). Alles in dieser Zeit Beigebrachte und Erlernte, wird er aufsaugen wie ein nasser Schwamm. Er ist stets bereit, neues dazuzulernen. In diesem jungen Alter produziert der Körper noch

Die Bezeichnung des Arbeitshundes wird dem Border Collies hier gerecht. Seine frühzeitige Begabung des Schafehütens demonstriert er hier.

Der verstandene Hund

Einen Hund zu trainieren, macht Sie um eine Lebenserfahrung reicher. Viele Eltern versuchen, das Wissen über Kindererziehung teilweise auf Ihren jungen Hund zu übertragen. Hunde reagieren ähnlich wie kleine Kinder, sie möchten geliebt, gut behandelt und umsorgt werden. Es ist nicht falsch, wenn Sie Ihren Welpen wie ein kleines Kind behandeln.

Die ganze Familie sollte an der Erziehung des Border Collies teilhaben. Auch Kinder müssen lernen, Verantwortung zu übernehmen, die die Sorge und Sicherheit ihrer Haustiere betreffen.

keine Hormone. Darin liegt der Grund des schnellen Erfolges. Ohne Hormone konzentriert er sich aufs Herrchen und ist nicht besonders interessiert, andere Dinge, wie Hunde, Leute etc. zu untersuchen. Sie sind sein „Leittier", der ihm Nahrung, Wasser, Unterkunft und Sicherheit gibt. Dafür schließt er sich Ihnen an und möchte Ihnen nah sein. Gewöhnlicherweise möchte er Ihnen folgen, wohin Sie auch gehen und Sie nicht aus den Augen lassen, besonders außerhalb Ihres Hauses. Er reagiert freundlich und mit gutem Benehmen gegenüber anderen Tieren und Leuten, die Ihnen begegnen. Wenn Sie Ihren besten Freund herzlich begrüßen, wird er es ebenfalls tun. Selbst wenn Sie in irgendeiner Weise ängstlich sein sollten, wird Ihr Hund gleichfalls so reagieren. Einmal wird der Welpenkörper Hormone produzieren, seine natürliche Neugier kommt zum Vorschein und er beginnt sein Umfeld zu untersuchen. Zu diesem Zeitpunkt merken Sie, daß nicht erzogene Hunde Kommandos des Besitzers zum Teil ignorieren und beginnen, sich nicht in direkter Nähe aufzuhalten. Wenn dieses Betragen (Verhalten) zum Problem wird, hat der Besitzer zwei Möglichkeiten: Den Hund loswerden oder den Hund zu erziehen. Sie werden sicherlich letzteres bevorzugen. Oft finden keinerlei Lehrgänge in der unmittelbaren Umgebung statt. Manchmal werden Kurse angeboten, die dann sehr teuer sind. Im Einzelfall kann man einige Probleme durch Nachlesen in diesem Buch selbst lösen.

Dies Kapitel ist als Hilfestellung für die Erziehung Ihres Border Collie im Haus gedacht. Wenn Sie alle folgenden Anweisungen gründlich befolgen, kommen Sie schnell zu positiven Resultaten. Egal, ob Ihr Border Collie nun ein Welpe oder ausgewachsener Hund ist, die Lernmethoden und die Lerntechniken für die Grundausbildung sind die gleichen. Dabei ist es unwesentlich, ob es sich um einen Welpen oder um einen erwachsenen Hund handelt. Keiner von beiden mag strenge oder unmenschliche Methoden. Bei allen Kreaturen erreichen Sie mehr mit freundlichen Motivationsmethoden und aufrichtigem Lob und Unterstützung. Lassen Sie uns beginnen!

Stubenreinheit

Sie können Ihren Welpen gezielt dazu erziehen, wo er seine „Geschäfte" macht und sich „lösen" kann. Stadtmenschen trainieren ihre Welpen oft dazu, sich am Straßenrand zu lösen, weil große Grünflächen nicht vorhanden sind. Vorstadtbewohner hingegen haben ausreichend Grünfläche für ihren Hund zur Verfügung. Erziehung im Freien sollte die Untergründe wie Gras, Schmutz und Beton berücksichtigen. Stubenreinheit im Haus zu erzielen, ist gleichbedeutend mit „arbeiten mit Zeitungspapier". Haben Sie einen geeigneten Untergrund ausgewählt, dann suchen Sie diese Stelle immer wieder auf. Bevorzugen Sie zunächst nur Gras- oder Grünflächen. Es wird Ihrem Hund schwer verständlich sein, wenn

Wie oft muß Ihr Hund „Gassigehen"?

ALTER	HÄUFIGKEIT
Bis 14 Wochen	10 mal
14 – 22 Wochen	8 mal
22 – 32 Wochen	6 mal
ausgewachsene Hunde	4 mal

Dies sind Durchschnittswerte, aber sie zeigen Ihnen den Minimalaufwand, den Ihr Hund jeden Tag für seine „Geschäfte" benötigt.

Sie zwei Monaten später den Platz wechseln und er nun plötzlich nur eine Betonfläche zur Verfügung hat. Wenn Ihr Hund stubenrein ist kann es von Vorteil sein, wenn Sie den Untergrund häufiger wechseln, damit sich der Hund an verschiedene Flächen gewöhnen kann und Sie nicht in fremder Umgebung z. B. im Urlaub stundenlang mit Ihrem Hund um den Block laufen müssen, weil er sich nicht „traut" dort hinzumachen. Als nächstes wählen Sie ein geeignetes Kommando aus, das den Welpen veranlaßt, sein Geschäft zu verrichten. Hierbei gibt es gewöhnlich eine Vielzahl von Worten, die von Hundebesitzern benutzt werden. Gewöhnen Sie sich dabei auch an, den Welpen oder jungen Hund zu fragen: „Wollen wir spazierengehen?" oder benutzen Sie ähnliches. Eine Zustimmung erfolgt von Ihrem Hund mit dem wedelnden Schwanz oder dem auf-und-ablaufen vor der Tür.

Erziehung zum Lösen im Freien sollte einen vorher bestimmten Bereich umfassen, in dem Ihr Hund seinem „Geschäft" nachgehen kann.

Achten Sie drauf!

Wenn Sie im Training erfolgreich sein wollen, sollten Sie folgende vier Regeln beachten:

1. Entwickeln Sie ein Verständnis dafür, wie ein Hund denkt.
2. Strafen Sie Ihren Hund nicht dafür, daß er Sie nicht richtig verstanden hat.
3. Beachten Sie stets die Persönlichkeit Ihres Hundes bei Ihren Erziehungsmethoden.
4. Haben Sie Geduld und seien Sie konsequent.

Was man bei Welpen beachten sollte

Welpen lösen sich gewöhnlich nach dem Spiel, nach dem Füttern, nach dem Schlafen oder auch zu anderen Zeiten, wenn Sie einen dafür geeigneten Platz gefunden haben. Die Schließmuskeln von sehr jungen Welpen sind noch nicht voll trainiert, ähnlich wie bei Babys. Welpen lösen sich deshalb häufiger. Gehen Sie mit Ihrem Welpen so oft wie möglich hinaus (bei einem acht Wochen alten Welpen sollte dies zu jeder Stunde erfolgen) und fordern ihn auf, sein „Geschäft“ zu machen. Je älter der Welpe wird, um so weniger muß er sich lösen. Letztendlich benötigt ein erwachsener, gesunder Hund drei- bis fünfmaliges „Gassigehen“ täglich.

Wußten Sie schon?

Um Ihnen zu gefallen wird Ihr Hund alles für Sie tun. Wenn Sie ihn belohnen, wenn er ruhig ist und auf seinem Platz liegt, wird er sich zu einem wohlerzogenen Hund entwickeln. Sollten Sie ihn andererseits stets sehr aufgeregt begrüßen und ständig mit ihm ringen wollen, wird er dieses Szenario immer bei Ihnen veranstalten. Sie haben dann einen hyperaktiven Freund im Haus.

Unterbringung

Die Unterbringungsmöglichkeiten und seine Erziehung stehen im direkten Zusammenhang mit dem Erfolg zur Stubenreinheit des Welpen. Ein Welpe ist von Natur aus keine Nestbeschmutzer und deshalb immer bemüht, seine Umgebung sauber zu halten. Der kleine Freund soll seinen Platz im Haus bekommen, so daß er alles mögliche um ihn herum wahrnehmen und daran teilhaben kann. Er kann sich im Käfig aufhalten, dessen Tür selbstverständlich offensteht, oder im Körbchen und hat natürlich seine Kuscheldecke und sein Lieblingsspielzeug bei sich. Klären Sie von vornherein ab, wo Sie den Platz für Ihren Welpen haben wollen und wo er sich aufhalten darf. Welpen sind soziale Tiere und müssen das Gefühl haben, von Anfang an dazuzugehören. Ihre Stimme hören, Ihnen zuschauen und Ihre Nähe spüren - sind alles Dinge, die den Welpen darin bestärken: Er gehört zur Familie. Der

Wußten Sie schon?

Hunde sind genauso unterschiedlich wie Menschen. Eine Erziehungsmethode, die bei einem Hund funktioniert, muß bei einem anderen nicht auch funktionieren. Wenn sich eine Trainingsmethode nicht bewährt, dann versuchen etwas anderes.

Raum in dem sich die Familie oft aufhält, vielleicht in der Nähe einer beliebten Frühstücksecke, wäre ein geeigneter Platz für Hund und Herrchen. Eine weitere Ecke in Ihrem Haus, die dem Welpen als „sein eigener Platz“ zugewiesen wird, wäre optimal. Dort kann z. B. sein Käfig stehen oder sein Körbchen. Von diesem Punkt aus kann er die Aktivitäten der ganzen Familie beobachten. Die Größe des Käfigs oder des Körbchens sollte sorgfältig ausgewählt werden und groß genug sein, um ausgestreckt zu liegen. Hunde sind von Natur aus saubere Tiere und möchten ihr Revier sauber halten, sofern es ihnen möglich gemacht wird. Geben Sie Ihrem Welpen auch kein Futter oder Wasser ins Körbchen oder mit in den Faltkäfig. Seine Verdauung wird dadurch angeregt und er muß sein Geschäft irgendwann sehr dringend erledigen. So wird er sich unwohl fühlen und es kann passieren, daß er in den Käfig macht, weil er sich nicht anders zu helfen weiß. Ungewollt fördern Sie damit eine Erziehung zur Unsauberkeit.

Grenzen oder sperren Sie Teile des Hauses oder Gartens ab, wenn sie für Ihren Border Collie gefährlich werden können.

Kontrolle

Der junge Hund soll seinen Lebensstil entwickeln, der in die menschliche Welt hineinpaßt. Genauso wie wir es mit kleinen Babys machen, zeigen wir dem kleinen Hund, wie der Tagesablauf funktioniert. Der Welpe schläft im Käfig. Er muß lernen, seinen Platz nicht zu verlassen, wenn Herrchen und Frauchen frühstücken oder andere Aktivitäten im Haus passieren, an denen er nicht teilnehmen darf. Er sollte sich dann auf seinen Platz zurückziehen, weil er dort vor allem sicher ist. Wenn Sie den Welpen allein zu Hause lassen,

„Käfig-Erziehung“ ist eine sehr effektive Methode.

Das 1x1 der Hundeerziehung?

Die goldene Regel der Hundeerziehung ist relativ einfach. Für jede „Frage“ (Kommando oder Befehl), gibt es eine richtige Antwort (Reaktion). Ein Befehl/ Kommando = eine Reaktion. Üben Sie die Kommandos, bis sie der Hund, ohne zu zögern, korrekt befolgt. Wiederholen Sie sie oft, seien Sie dabei nicht monoton. Hunde langweilen sich genau so schnell wie Menschen.

In einem richtig dimensionierten Faltkäfig fühlt sich Ihr Border Collie sicher, er macht es sich gerne bequem. Er hat darin Gelegenheit zu schlafen und auszuspannen, ob zu Hause oder auf Reisen.

schließen Sie die Käfigtür. Welpen kauen und beißen in diesem Alter auf allem herum, was Ihnen in die Quere kommt, ohne den Unterschied zu kennen und ohne die Gefahr zu sehen. Sie zerkauen Telefonschnüre, TV-Kabel, Schuhe und so weiter. Die Folgen sind für den Welpen unvorstellbar.

Wenn Sie nach Hause kommen und der Welpe hat in der Zwischenzeit Teile vom Sofa oder von den Stühlen angeknabbert, wollen Sie vielleicht mit ihm schimpfen. Dieses Schimpfen verbindet der Welpe dann aus seiner Sicht mit Ihrem „nach Hause kommen“. Denn er wird sich sicherlich nicht mehr an das kaputte Sofa erinnern. Eine Unterbringung im geschlossenen Käfig, solange Sie außer Haus sind, ist daher begründet. Auch bei Feierlichkeiten in der Familie, ist der Käfig eine gute Unterbringungsmöglichkeit. Der Welpe kann alles rundherum beobachten, ohne irgendwo zwischen die Füße der Gäste zu geraten. Über eine zu große Fütterei von Leckerbissen informiert man die Gäste vorher, damit dem Welpen nicht zuviel oder besser gar nichts gegeben wird.

Wo hat der Hund seine Hand?

Nun etwas zur Denkweise Ihres Hundes: Die menschliche Hand ist vergleichbar mit dem Fang des Hundes. Zeitweilig dient sie auch zur Verteidigung. Auf ein zu festes Anpacken mit der Hand, würde der Hund mit zurückschnappen antworten. Obwohl dieses keine Aggressivität wäre, sollte man jegliches Beißen sofort untersagen. Sie müssen als Hundeführer lernen, mit Ihrem Vierbeiner umzugehen.

Achten Sie drauf!

Die meisten Hunde „halten durch“. Führen Sie Ihren Hund stets zum selben Ort, damit er sein „Geschäft“ erledigen kann. Benutzen Sie auch immer dasselbe Kommando und führen Sie ihn an der Leine dort hin. Im eigenen Garten ist diese nicht unbedingt nötig. Nach kurzer Zeit, wenn sich die Schließmuskulatur und der dazugehörige Verstand vollständig entwickelt haben, wird auch Ihr Border Collie stubenrein sein. Bedenken Sie, daß kleine Hunderassen schneller ausgewachsen sind als größere. Dennoch sollten alle Welpen bis zu einem Alter von sechs Monaten gut erzogen sein.

Ablaufplanung

Wie vorher schon gesagt, sollte ein Welpe jedesmal wenn er aus dem Schlaf aufwacht, nach jeder Mahlzeit, nach jeder Spielstunde und sofort, wenn er morgens aufwacht, an seinen Löseplatz gebracht werden. Es ist möglich, daß er mit acht Wochen bereits morgens um fünf nach draußen muß. Jedesmal, wenn

er sein Bedürfnis anzeigt, indem er eifrig herumschnüffelt und sich im Kreis dreht, ist es Zeit, ihn in den Garten zu tragen. Für einen Welpen unter zehn Wochen ist es zwingend notwendig, daß ein einstündiger Rhythmus eingehalten wird. Wenn der Welpe größer wird, ist er in der Lage, länger durchzuhalten.

Der richtige Platz

Ihr Hund hat seinen Schlafplatz angenommen. Der Löseplatz wird ihm gezeigt. Dieser wurde mehr oder weniger auch akzeptiert. Ihr Welpe lernt schnell, diese Plätze entsprechend zu nutzen. Mit der Zeit kommt hinzu, daß sich bei dem jungen Hund die Schließmuskeln komplett entwickeln und er diese auch kontrollieren kann. Bringen Sie Ihren Hund jedesmal an denselben Löseplatz. So wird er sich daran gewöhnen und sein „Geschäft" hoffentlich nicht mehr im Haus erledigen.

Achten Sie drauf!

Ihr Hund bildet Sie tatsächlich zur selben Zeit aus, in der Sie ihn ausbilden. Hunde machen Dinge, um Aufmerksamkeit zu erlangen. Sie versuchen solange Ihre Aufmerksamkeit zu erhalten, bis sie damit erfolgreich sind. Es soll aber nicht so sein, daß Ihr Hund Ihr ganzes Leben bestimmt.

Sorgen Sie für kurze Wege zu seinem Löseplatz. Bleiben Sie dort auch nicht länger als fünf oder sechs Minuten und gehen Sie dann zurück ins Haus. Wenn er sich während dieser Zeit löst, loben Sie ihn überschwenglich und tragen ihn sofort hinein. Wenn er sich nicht löst, aber danach im Haus einen Unfall hat, nehmen Sie ihn sofort hoch, sagen: „Nein, nein" und kehren zu seinem Löseplatz zurück. Warten Sie dort ein paar Minuten und gehen Sie dann zurück ins Haus. NIEMALS sollten Sie einen Welpen schlagen oder sein Gesicht in Kot oder Urin drücken, wenn er einen Unfall hatte!
Wieder im Haus setzen Sie den Welpen in seine Box und entfernen Sie die Pfütze mit einem Desinfektionsmittel, das auch den Geruch nimmt. Der Welpe sollte Sie dabei nicht beobachten. Danach lassen Sie ihn wieder im Familienbereich laufen und beaufsichtigen ihn noch genauer als vorher. Wahrscheinlich war sein Unfall dadurch begründet, daß Sie seine Signale nicht verstanden ha-

Bei längeren Reisen mit dem Auto planen Sie genügend Pausen für Bewegung und Lösen ein.

ben, oder zu lange gewartet haben, bis Sie ihm Gelegenheit gaben, sich zu lösen. Seien Sie niemals wütend auf Ihren Welpen wegen solcher Unfälle.
Sorgen Sie dafür, daß Ihr Welpe lernt, daß der Gang nach draußen keine Aufforderung zum Spielen bedeutet, sondern daß er sich lösen soll. Wenn er es erst begriffen hat, wird er in der Lage sein, zwischen Spielzeiten drinnen und draußen und Lösezeiten

Im Grunde ist es leicht, Ihrem Hund anzugewöhnen, sich immer an derselben Stelle zu lösen. Er schnüffelt herum, bis er eine Stelle findet, die er zuvor besucht hat.

genau zu unterscheiden. Helfen Sie ihm, einen regelmäßigen Zeitplan für sein Bedürfnis zu entwickeln, indem Sie seinen Tagesablauf möglichst gleichförmig halten. Ermutigen Sie ihn, sich allein zu beschäftigen, während Sie sich Ihrem Haushalt widmen. Lassen Sie ihn lernen, daß es sehr angenehm ist, wenn Sie in seiner Nähe sind, aber daß es nicht Ihr Hauptlebenszweck ist, Ihre ungeteilte Aufmerksamkeit dem Hund zu widmen.
Jedesmal, wenn Sie Ihren Welpen in sein Körbchen bringen, sagen Sie zu ihm „Geh in's Körbchen" (oder welches Kommando Sie sonst gewählt haben). In kürzester Zeit wird er zu seinem Körbchen rennen, wenn er Sie diese Worte sagen hört. Am Anfang seiner Erziehung lassen Sie ihn nicht für längere Zeit aus den Augen, außer Nachts, wenn alle schlafen.
Während der Nachtstunden säugt die Mutterhündin zu Beginn auch alle zwei Stunde ihre Welpen. Im Laufe der Entwicklung verlängert sie die Abstände bis auf etwa vier Stunden. Dieses Schema hilft Ihnen, wenn Sie einen Anhaltspunkt für die Häufigkeit des nächtlichen Aufstehens mit dem Welpen suchen. Eine Grundvoraussetzung für nächtliche Stubenreinheit ist, daß die Bewegungsfreiheit um sein nächtliches Lager eingeschränkt ist, welches er nicht verunreinigen will. Je nachdem, wie tief Sie schlafen, können Sie sein Körbchen neben ihr Bett stellen – wenn Sie aufwachen, so-

Wenn Sie dem Hund Kommandos geben,...
stehen Sie aufrecht und wirken Sie autoritär. Geben Sie keine Befehle wenn Sie auf dem Fußboden oder Sofa liegen. Sollten Sie vielleicht dem Hund ein Kommando zurufen, wenn Sie auf allen Vieren rutschen, könnte er es mißverstehen und mit Ihnen spielen wollen.

Wußten Sie schon?
Ihr Hund muß lernen, den Unterschied zwischen seiner Lösezeit und der Spielzeit zu begreifen. Ein regelmäßiger Tagesablauf hilft ihm dabei.

bald er unruhig wird, oder ihn des Nachts in seiner Box einsperren – wenn Sie ihn erst hören wenn er kratzt oder weint.

Im Normalfall wird ein Welpe, der abends etwa um 23:00 Uhr das letzte Mal in den Garten gebracht wurde, ungefähr bis 3:00 Uhr durchhalten. Wenn Sie hören, daß er unruhig wird, nehmen Sie ihn sofort auf den Arm, ziehen Sie Morgenmantel und Pantoffeln an – diese sollten Sie bereits am Abend griffbereit hingelegt haben – und tragen Sie ihn nach draußen. Sobald Ihr kleiner Border Collie sich gelöst hat, nehmen Sie ihn wieder mit ins Schlafzimmer. Spielen Sie nicht mit ihm, außer Sie wollen ihm regelmäßige nächtliche Spielstunden anerziehen und lassen Sie sich auch sonst auf keinerlei Aktivitäten ein. Wenn er wieder in seinem Körbchen ist, streicheln Sie ihn beruhigend, er wird bald wieder einschlafen.

Wußten Sie schon?

Welpen sollten regelmäßig Spielmöglichkeiten, auch im Kreise Ihrer Familie bekommen. Ein Spaziergang erfolgt für sehr junge Welpen noch in kleineren Etappen. Die Beschäftigung dabei kann „Zurückhol-Spiele" mit einem großen Ball beinhalten oder man kann dafür auch eine alte Socke zu einem Knoten binden. (Alle Welpenzähne benötigen weiche Gegenstände zum Kauen.) Denken Sie daran, die Regeln für das Spiel innerhalb des Hauses einzuschränken, bis der kleine Hund vollständig erzogen und stubenrein ist.

Achten Sie drauf!

Hunde können keine Menschensprache verstehen. Man kann sie aber dazu erziehen, auf gewisse Worte oder auf bestimmte Lautstärke zu reagieren. Sagen Sie mit einer sehr sanften Stimme zu Ihrem Hund: „Nein, Oliver", so hat dies nicht die gleiche Bedeutung für ihn, als wenn sie es mit einer betonten oder lauten Stimme sagen. Sie sollten Ihren Hund niemals mit seinen Namen ansprechen, während Sie ihn tadeln. Ein „NEIN!" genügt. Da Hunde nicht die richtige Bedeutung der Worte kennen, könnte die Verbindung mit seinem Namen das Gegenteil in seiner Erziehung bewirken, als das, was Sie eigentlich erreichen möchten.

Mit etwa zwölf Wochen können Sie hoffen, daß Ihr Welpe nachts durchschläft. Freuen Sie sich darüber – denken Sie daran, wie lange Sie bei einem Baby brauchen, um dies zu erreichen. Wenn Sie jedoch zu den Menschen gehören, die selbst in der Nacht

Sobald Ihr Border Collie zuverlässig stubenrein ist, sollte er immer Zugriff auf Trinkwasser haben, im Hause als auch außerhalb des Hauses.

mehrmals aufstehen, sei es zu einem Gang ins Badezimmer oder zu einem Besuch am Kühlschrank, müssen Sie

DIE ERFOLGREICHE ERZIEHUNGSMETHODE
Sechs Schritte zur Gewöhnung an die Hundebox

1. Eine Hundebox sollte dem Hund immer Schutz und Geborgenheit vermitteln. Deshalb ist es wichtig, sie nie als Strafe einzusetzen. Wer seinen Hund erfolgreich an die Box gewöhnt, fördert die Stubenreinheit des Hundes und verringert die Möglichkeit, die der Hund während Ihrer Abwesenheit nutzt, um Ihre Wohnungsgegenstände anzuknabbern. Eine Box auf Reisen erleichtert es Ihnen und ihm ungemein, sich in fremder Umgebung sicherzufühlen.

2. Sobald Sie merken, daß der Welpe sich an die Box gewöhnt hat, schließen Sie die Tür für fünf Minuten. Bleiben Sie aber mit ihm im selben Raum. Lassen Sie ihn nicht heraus, wenn er zu jaulen anfängt, sondern wenn er sich beruhigt hat. Dies soll einige Tage wiederholt werden.

3. Wenn der Welpe beginnt, mit seinem Spielzeug in der sicheren Box zu spielen, schließen Sie die Tür für ein paar Minuten. Stellen Sie die Box stets dort auf, wo Sie sich befinden und der Hund Sie im Blick hat.

4. Nun wird der Zeitraum soweit ausgedehnt, daß der Hund auch schon mal 30 Minuten im Käfig verweilt, während Sie im Raum sind. Bringen Sie ihn immer an einen für ihn angenehmen Ort, wenn er aus seiner Box entlassen wird.

5. Lassen Sie ihn fünf Minuten in seiner Box, während Sie den Raum verlassen. Lassen Sie ihn nicht heraus wenn er zu jaulen anfängt (siehe unter Punkt 2).

6. Dieses Training wird auf immer längere Perioden ausgedehnt, bis Ihr Hund für 30 Minuten trotz Ihrer Abwesenheit allein bleiben kann. Vielleicht wird er ohnehin einschlafen. Wenn Sie sicher sind, daß Ihr Hund seine Box als sicheren und geborgenen Platz anerkennt, können Sie auch den Zeitraum verlängern. Welpen sollten jedoch nicht über zwei Stunden während Ihrer Abwesenheit in der Box verweilen, ohne vorher ordentlich getobt und sich entleert zu haben.

damit rechnen, daß auch Ihr Welpe aufwacht. Wie schon vorher erwähnt, sobald er aufwacht, muß er auch nach draußen. Vergessen Sie nicht, ihn auch nachts jedesmal nach einem erfolgreichen Ausflug ausgiebig zu loben und benutzen Sie das antrainierte Schlüsselwort.

Sie sehen, es ist gar nicht so schwierig, Ihren Border Collie zur Stubenreinheit zu erziehen. Die wichtigsten Voraussetzungen sind Konsequenz, Regelmäßigkeit, Lob, Kontrolle und Überwachung. Wenn Sie diesen Grundregeln folgen, wird bei einem normalen gesunden Welpen der Erfolg schnell eintreten, sodaß Sie und Ihr Border Collie ein fröhliches und zufriedenes Leben miteinander führen können.

Die Anwendung von Disziplin, Lob und Strafe

Disziplin, das heißt jemanden zu trainieren sich an Regeln zu halten, bringt Ordnung ins Leben. Nichts ist einfacher als das. Ohne Disziplin, vor allem in einer Gruppe, wird in kürzester Zeit das Chaos ausbrechen und die Gruppe eventuell auseinanderbrechen. Menschen und Hunde sind soziale Lebewesen und brau-

Entwicklungsschema des Border Collies

Es ist wichtig zu verstehen, wie und in welchem Alter der Welpe Fortschritte in seiner Entwicklung macht. Wenn Sie ein Welpenbesitzer sind lesen Sie das folgende Entwicklungsschema des Border Collie, um festzustellen, welches Entwicklungsstadium Ihr Collie-Welpe als Nächstes erreichen wird. Diese Kenntnisse werden Ihnen helfen, das Verhalten des Welpen in den nächsten Wochen und Monaten zu verstehen.

Abschnitt	Alter	Charakteristika
1. bis 3. Zeit-abschnitt	**Geburt bis zur 7. Woche**	Welpen brauchen Futter, Schlaf und Wärme und Antworten auf einfache und vorsichtige Berührungen. Sie brauchen ihre Mutter, um ein Gefühl der Sicherheit zu haben und um Disziplin zu lernen. Sie brauchen ihre Wurfgeschwister um zu lernen, wie man sich anderen Hunden gegenüber verhält. Später lernt der Welpe richtiges Verhalten und die dominante Rangordnung im Rudel. In dieser Zeit beginnt auch die Sozialisierung dem Menschen gegenüber, zunächst mit kurzen Begegnungen mit Erwachsenen und Kindern. Mehr und mehr nimmt der Welpe von seiner Umgebung wahr.
4. Zeit-abschnitt	**8. bis 12. Woche**	Das Gehirn ist voll entwickelt. Der Welpe braucht Kontakt mit der Außenwelt. Er wird von der Mutterhündin und den Wurfgeschwistern getrennt. Es ist wichtig, ihn in dieser Zeit aus dem Hunderudel ins „Menschenrudel" wechseln zu lassen. Der Mensch muß die dominante Rolle einnehmen. Eine Angstperiode tritt zwischen der 8. und 16. Woche ein. Vermeiden Sie in dieser Zeit Furcht und Schmerz.
5. Zeit-abschnitt	**13. bis 16. Woche**	Erziehung und Unterordnung müssen beginnen. Weniger Zusammenkünfte mit anderen Hunden sind wichtig, mehr mit Menschen, neuen Orten und neuen Situationen. Verhalten Sie sich dem Welpen gegenüber konsequent und gerecht. Der Fluchtinstinkt taucht auf. Mangelnde Erziehung oder zu starker Druck können lebenslangen Schaden anrichten. Loben Sie den Hund für gutes Verhalten.
Jugend-alter	**4. bis 8. Monat**	Eine andere Angstperiode durchläuft der Hund zwischen dem 7. und 8. Lebensmonat. Sie geht schnell vorbei, aber seien Sie vorsichtig mit Furcht und Schmerz. In dieser Zeit erlangt der Hund seine Geschlechtsreife. Er entwickelt dominante Verhaltensweisen. Nun sollte der Hund „Sitz", „Platz", „Komm" und „Bleib" beherrschen.

Zur Beachtung: Dies sind ungefähre Zeitangaben. Jeder Welpe entwickelt sich eigenständig und mag vielleicht vom vorgegebenen Schema abweichen.

Border Collies lieben die Arbeit. Diese Instinkte sind übertragbar bei seiner Ausbildung zum Familienhund. Der Hund wird stets darauf bedacht sein, seinem „Herrn“ zu gefallen.

Stubenrein soll er sein!

Legen Sie nie den Schlafplatz Ihres Welpen mit Zeitungspapier aus. Häufig wird der Bereich um die Wurfkiste herum zum Zwecke der Sauberhaltung mit Zeitungspapier ausgelegt. Wenn Sie den Welpen dahingehend erziehen wollen, daß er sich an seinem Löseplatz lösen soll, dürfen Sie es ihm nicht angewöhnen, daß er sich auf Zeitungspapier lösen darf. Er wird nicht verstehen, daß er sich nur ausnahmsweise im Haus lösen darf und wird jedesmal, wenn irgendwo Zeitungspapier liegt, diesen Platz als seinen Löseplatz ansehen. Schränken Sie vor dem Schlafengehen das Wasserangebot ein, damit er nachts „durchhält“.

chen Disziplin, um zufriedenstellend miteinander umgehen zu können. Sie müssen Nahrung herbeischaffen, ihr Haus beschützen, für ihre Welpen sorgen und sich reproduzieren, damit die Art nicht ausstirbt.

Wenn es keine Disziplin im Leben sozialer Lebewesen gäbe, würden sie wahrscheinlich verhungern oder von anderen stärkeren Lebewesen gefressen werden.

Im Falle der domestizierten Caniden brauchen Hunde Disziplin in ihrem Leben, um ihre Rolle im Rudel kennen zu lernen (bei Ihnen und Ihren Familienmitgliedern), um zu wissen, wie sie sich verhalten müssen, damit das Rudel überleben kann.

Eine große menschliche Gemeinschaft in eng besiedelten Gebieten wurde über die Zufriedenheit der Hundehalter mit ihrer Beziehung zu ihren Hunden befragt. Die Menschen, die ihre Hunde erzogen hatten, waren zu 75 % mehr zufrieden mit ihren Haustieren als die, die niemals versucht hatten, ihre Hunde zu erziehen.
Dr. Edward Thorndike, ein Psychologe, erarbeitete Thorndikes Lerntheorie die behauptet, daß ein Verhalten, auf das etwas Angenehmes folgt, die Tendenz zeigt, häufiger aufzutreten. Ein Verhalten, auf das etwas Unangenehmes folgt, zeigt die Tendenz, nicht wiederholt zu werden. Auf dieser Theorie basieren die heutigen Trainingsmethoden. Das heißt, wenn Sie Ihren Hund dazu bringen, ein bestimmtes Verhalten zu zeigen, und ihn dafür loben, daß er es tut, wird er es gern noch einmal tun, denn ihm gefiel das Endergebnis.
Gelegentlich ist auch Strafe - eine unangenehme Folge, die nach einem Verhalten auftritt - notwendig. Die beste Art von Strafe erfolgt durch die Sache selbst. Beispiel: Wenn man einem Kind sagt, daß es nicht an den Ofen fassen sollte weil es sich verbrennen könnte, und es gehorcht nicht und faßt den Ofen an, dann verbrennt es sich. Von diesem Zeitpunkt an wird es die Hitze des Ofens respektieren und Kontakt mit ihm

Im Border Collie wird sich sein Herr und die Ausbildung widerspiegeln, die der Hund erhält.

Wieviel Training braucht der Hund?

Übung macht den Meister!

- Üben Sie täglich mit Ihrem Hund in mehreren kleinen Sequenzen. Drei bis fünf Mal pro Tag nur einige Minuten lang.
- Praktizieren Sie eine Übung nie zu lang, dem Hund wird langweilig und er wird unaufmerksam.
- Üben Sie nicht mit dem Hund, wenn Sie krank sind oder völlig unmotiviert. Ihre Stimmung überträgt sich auf Ihren Hund und der Erfolg läßt zu wünschen übrig.
- Gehen Sie positiv und mit Spaß an die Sache. Vergessen Sie Lob und Leckerlis nicht, es erfreut den Hund und Sie können den Erfolg genießen.

Das Schnallenhalsband wird als Standardhalsband verwendet. Achten Sie darauf, daß Sie die Lochbreite für den Welpen korrekt einstellen. Das Halsband sollte nicht zu stramm eingestellt sein. Überprüfen Sie dieses jeden Tag, weil der Welpe ja noch wächst. Diese Halsbänder werden aus Leder oder Nylon hergestellt. Befestigen Sie ein Identifikationsschild Ihres Hundes daran.

Die Zugkette wird üblicherweise als Trainingshalsband verwendet. Sie ist aus hoch poliertem Stahl gefertigt, so daß sie leicht durch die rostfreie Stahlschleife gleitet. Die Zugkette darf nicht auf Zug gestellt werden, sondern wirkt durch signalartigen Ruck an der Leine. Würgen ohne eingebauten Stop ist Tierquälerei. Belassen Sie nie eine Zugkette am Hundehals, wenn Sie nicht mit Ihrem Hund trainieren.

Das Geschirr ist für einen geübten Hund. Es soll den Hund am Davonlaufen hindern oder daran, eine Katze zu jagen. Man betrachte dieses Geschirr nicht als erzieherische Maßnahme.

vermeiden. Wie gesagt, ein Verhalten auf welches eine unangenehme Reaktion folgt, wird nicht wiederholt werden.

Nach diesem Beispiel lernt auch der Hund der die Katze jagt. Etliche Male ist ihm gesagt worden, er soll die Katze in Ruhe lassen. Trotzdem läßt er keine Gelegenheit aus, sie zu ärgern. Eines Tages dann, als er wieder anfängt die Katze zu jagen, dreht die Katze sich um und schlägt mit ausgefahrenen Krallen nach dem Gesicht des Hundes. Er erhält einen schmerzhaften Kratzer auf der Nase und hört endlich auf, die Katze zu jagen.

Regeln der Erziehung – Lob und Tadel

Gehorsamstraining bringt Ordnung ins Leben. Ist diese Aussage so richtig? Ohne Disziplin in der Gesellschaft, regiert das Chaos und man kommt eventuell darin um. Menschen und Hunde sind soziale Wesen. Sie benötigen eine gewisse Form von Ordnung und Disziplin, damit ihr Leben in den richtigen Bahnen verläuft. Für den Hund sorgt heute der Mensch für Nahrung. Beide müssen Haus und Familie beschützen und für den Nachwuchs sorgen. Besteht keine Ordnung im Leben sozialer Tiere, würden sie verhungern oder von stärkeren Tieren verdrängt oder gefressen werden. Die heutigen domestizierten Hunde brauchen Disziplin, damit sie wissen, wie ihr Rudel funktioniert.

Beim Haushund ist die menschliche Familie sein Rudel. Viele Hundebesitzer wurden gefragt, wie sie mit

Leichte Schnallenhalsbänder gibt es in den Ausführungen Leder und Nylon.

Leinen
Sie brauchen eine Leine von ein bis zwei Metern, möglichst aus Leder oder Nylon. Eine Kettenleine ist nicht zu empfehlen, viele Hundehalter finden, daß die Kette in ihre Hand einschneidet und das schnelle Durchziehen der Kette durch die Hand, wenn der noch „unerzogene" Hund fröhlich daran zieht, sehr schmerzhaft ist.

Leckerlis als Belohnung
Nehmen Sie eine Tüte Leckerbissen mit, etwas Wohlschmeckendes und leicht zu Schluckendes funktioniert

ihren Hunden auskommen und zufrieden sind. 75 % davon hatten ihren Hund erzogen und ausgebildet und führen mit ihm ein zufriedenes Leben. Die anderen 25 % haben oft Probleme, weil sie ihren Hund nie richtig erzogen haben. In Amerika vertritt Dr. Edward Thorndike die These vom anerzogenen Verhalten. Diese Theorie ist teilweise Grundlage heutiger Trainingsmethoden. Es werden gute und schlechte Erfahrungen des Hundes gezielt genutzt und mit Lob oder Tadel erwidert.

Trainingsutensilien

Halsbänder
Ein einfaches Halsband genügt den meisten Hunden. Kettenhalsbänder benutzt man bei starken aktiven Hunden.

Es gibt eine große Vielfalt von Hundeleinen. Lassen Sie sich in Ihrem Heimtierfachhandel über Vor- und Nachteile der einzelnen Ausführungen beraten. Diese Welpen werden an einer Gruppenleine geführt.

Wenn Ihr Border Collie das Kommando „Sitz" beherrscht, steigern Sie das Kommando in „Sitz und Bleib". Der nächste Lernschritt erfolgt, indem Sie dieses Kommando anwenden und sich in immer größerem Abstand vom Hund entfernen und ihn verharren lassen.

am besten. Benutzen Sie weiche Leckerbissen, ein Stückchen Käse oder etwas gekochtes Huhn ist besser als ein Stück Trockenfutter. In der Zeit, in der der Hund mit einem Hundekuchen beschäftigt wäre würde er vergessen, wofür er im Grunde gelobt wurde. Die Benutzung von Essensresten wird Ihren Hund nicht dazu verleiten, in Zukunft bei Tisch zu betteln. Der einzige Weg, einem Hund das Betteln bei Tisch beizubringen ist, ihn vom Tisch zu füttern. Bei der Ausbildung wird es Ihrem Hund erleichtert, Lob und neue Verhaltensweisen zu verknüpfen, die seinen Besitzer erfreuen, wenn Sie ihm solche Leckereien anbieten.

Das Training beginnt

Ansprechen des Hundes

Zu Beginn der Trainingsstunde ist es wichtig, die Aufmerksamkeit des Hundes zu erlangen. Es ist schwierig, einem Hund etwas zu vermitteln, wenn sein Blick und sein Interesse auf andere Dinge gerichtet sind. Um also seine Aufmerksamkeit zu erhalten, sprechen Sie ihn an. Es ist hilfreich, ihn zu Beginn immer mit demselben Wort anzusprechen. Dieser „Startbefehl" signalisiert dem Hund, daß nun das Training beginnt und er wird seinen Blick konzentriert auf Sie richten. Loben Sie Ihren Hund und unterstützen Sie sein Interesse. Halten Sie dabei ein Leckerli in der Hand

Wußten Sie schon?
Erfolg, der durch Glück zustande kommt, ist normalerweise Zufall und häufig kurzlebig. Erfolg, der aus einer wohldurchdachten, bewährten Methode kommt, ist oft leichter zu erreichen und von längerer Dauer. Dies ist die „Erfolgsmethode". Sie ist dafür gedacht, um Ihnen als Welpenbesitzer zu helfen, den jungen Hund in seiner Entwicklung zu unterstützen und ihm in seiner neuen Umgebung das Gefühl von Sicherheit zu geben.

Achten Sie drauf!
Wenn Sie Ihrem normalen, gesunden Hund Zeit, Aufmerksamkeit, Freundlichkeit und geduldige Erziehung zukommen lassen, werden Sie ein Hundeleben lang einen aufmerksamen und dankbaren Freund erhalten. Ein Hund ist immer bestrebt Ihnen zu gefallen. Dies sollten Sie sich in seiner Grunderziehung zunutze machen. So lernt der Hund schnell und freudig Ihren Befehlen zu gehorchen. Denken Sie immer daran!

und zeigen Sie ihm das Leckerli. Ihr Startbefehl in Zusammenhang mit dem zu erwartenden Lekkerli zeigt dem Hund, daß er bei Aufmerksamkeit belohnt wird. Später wird das Leckerli nicht mehr nötig sein, und es genügt, wenn Sie das Startwort sagen, um seine Aufmerksamkeit zu erlangen. Der Hund bringt diesen Befehl mit einer bestimmten Situation in Zusammenhang. Er versteht nicht den direkten Sinn des Befehls, weiß aber, wenn „dieses" Wort fällt, was immer Sie sich als Startwort ausgedacht haben, dann beginnt das Training, dann ist Aufmerksamkeit verlangt!

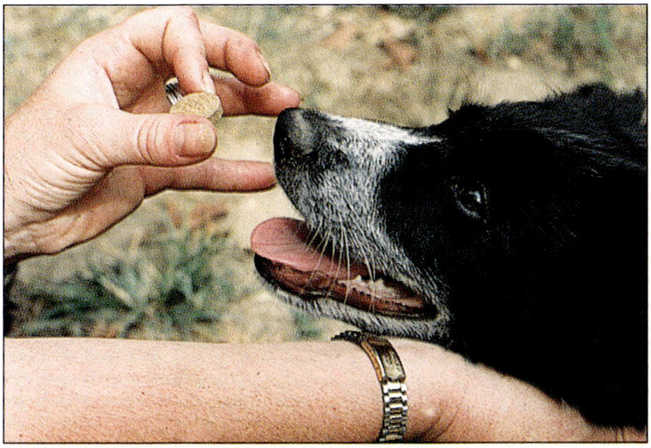

Leckerlis, Ausbildungsbelohnungen oder kleine Bestechungen, egal wie Sie es auch nennen, sie sollten nie die Hauptsache in der Erziehung sein. Früher oder später muß der Hund auch ohne diese schmackhaften Dinge auskommen.

Das „Sitz" - Kommando
Nachdem Sie die Aufmerksamkeit des Hundes erlangt haben, halten Sie die Leine in Ihrer rechten und ein Leckerli in der linken Hand. Lassen Sie den Hund an dem Leckerli schnuppern, aber geben Sie es ihm nicht. Rufen Sie nun den Befehl „Sitz" und lassen Sie langsam die Hand mit dem Futter über seinen Kopf gleiten, so daß er seine Nase heben muß und der Kopf hoch geht.
Dies bringt ihn in die Situation, daß er sein Gleichgewicht korrigieren muß und sich setzt. Sie können allerdings auch diesen Befehl damit verstärken, daß Sie ohne Leckerli ihre linke Hand auf seinem unteren Rücken ruhen lassen und ihn mit sanftem Druck nach unten drücken.

Ihr Border Collie ist das, was Sie aus ihm machen. Er kann ein gut ausgebildeter Familienhund, oder ein „Ärgernis" sein.

Achten Sie drauf!
Wenn Sie mit Ihrem Hund an einer Ausbildung in einem Hundeclub oder einer Hundeschule teilgenommen haben, ergibt sich oft die Möglichkeit, den Trainingsstand zu überprüfen bzw. zu erweitern. Viele Vereine bieten sportliche Wettkämpfe und Prüfungen an, bei denen Sie sich der Konkurrenz anderer Hunde stellen können. Über bestandene Prüfungen und errungene Titel erhalten Sie eine Bestätigung, Urkunde oder vielleicht sogar einen Pokal. Aber ein sportlicher Wettkampf soll für Sie und den Hund Spaß bedeuten und nicht in verbissene Arbeit ausarten.

Border Collies können leicht trainiert werden, um zu sitzen. Dem Hund sanft in diese Position zu helfen, ist eine akzeptable Methode. Bedenken Sie dabei, die erfolgreichen Leistungen des Vierbeiners mit lobenden Worten zu belohnen.

Loben Sie ihn sofort mit „braver Hund, fein Sitz!“. Seien Sie bei der Grundausbildung ein wenig enthusiastischer im Umgang mit Ihrer Stimme. Der Hund muß das Gefühl haben, etwas außergewöhnlich gutes gemacht zu haben. Hierbei ist die Stimme ein wunderbares Hilfsmittel zur Unterstützung des Befehls. Wiederholen Sie den Befehl „Sitz“, wenn der Hund sich gesetzt hat, erhält er auch das Leckerli. Das Leckerli wird immer dann eingesetzt, wenn Sie Ihrem Hund etwas neues beibringen. Wenn Ihr Hund den speziellen Befehl gelernt hat, loben Sie ihn weiterhin mit Ihrer Stimme und streicheln ihn mit der rechten Hand. Der Hund soll sich nicht ausschließlich an die Belohnung mit Leckerlis gewöhnen, wohl aber den Klang Ihrer Stimme als angenehm empfinden. Im übrigen haben Sie Ihre Stimme in jeder Situation zur Verfügung, aber nicht immer ein Leckerli dabei.

Das „Platz“ - Kommando

Die „Platz“-Übung ist einfach, wenn Sie verstehen, wie der Hund diese Übung empfindet. Falsch angewendet, kann Sie bei dem Hund große Gegenwehr entwickeln, so daß er versucht sich aus der Situation zu retten, wenn Sie den „Platz“ Befehl anwenden.

Lassen Sie Ihren Hund ganz nah an Ihrem linken Fuß sitzen. Er blickt in die selbe Richtung wie Sie. Halten Sie die Leine in der linken Hand und Leckerlis in der rechten Hand. Nun positionieren Sie Ihre Hand langsam in Höhe des Schulterblattes. Lassen Sie die Hand ohne Druck auszuüben, einfach ruhig dort liegen. Mit der anderen Hand haben Sie den

Wußten Sie schon?

Ein Grunderziehungskursus wird von Hundeclubs oder auch von privaten Hundeschulen angeboten. Er dauert mehrere Wochen lang. 1- 2 mal in der Woche werden Übungen in der Gruppe praktiziert. Hund und Hundebesitzer „arbeiten“ in den Tagen danach zu Hause mehrmals nur wenige Minuten täglich miteinander, um das Erlernte zu vertiefen. Wenn Sie dann alles richtig befolgt haben, besitzen Sie einen jungen Hund mit guten Manieren.

Hund ganz dicht an Ihrem linken Fuß, so daß er keine Möglichkeit hat, Ihnen auszuweichen. Nun lassen Sie die Hand zu seiner Nase wandern und sagen sehr sanft fast flüsternd „Platz". Die Hand gleitet nun zwischen die Vorderpfoten des Hundes. Wenn Sie den Boden berührt, lassen Sie sie langsam vor dem Hund auf den Boden vorgleiten. Sprechen Sie weiterhin sanft mit dem Hund, um seine Aufmerksamkeit aufrecht zu halten. Der leise Ton Ihrer Stimme animiert den Hund, Ihrer Hand mit dem Leckerli zu folgen, in der Erwartung, das Futter zu erhalten. Wenn die Ellenbogen des Hund den Boden erreichen, geben Sie das Futter frei und loben ihn leise. Versuchen Sie, den Hund in dieser Position ein paar Sekunden verharren zu lassen. Der Sinn ist, daß der Hund es als angenehm versteht, wenn er die „Platz" Position einnimmt und nicht als unterordnende Bestrafung.

Wußten Sie schon?
Fühlt sich der Hund in einer bedrohlichen Situation, wird er nicht die „Platz"-Position einnehmen und sich hinlegen, weil ihm sein Instinkt sagt, wann er weglaufen oder sich im Kampf mit seinem Gegenüber auseinandersetzen muß. Deshalb ist es wichtig, diese Übungen in Ruhe und mit viel Geduld zu trainieren.

Das „Bleib" - Kommando

Es ist eigentlich ganz leicht, den Hund in der „Sitz" oder „Platz" Position zu halten. Wieder benutzen wir als Belohnung ein Leckerli und den sanften Ton unserer Stimme, um den Hund darin zu unterstützen, daß er begreift, was wir von ihm erwarten. Wir wollen dem Hund die Warteposition aus der „Sitz"-Haltung heraus lehren. Dazu lassen wir den Hund an unserer linken Seite sitzen. Wir halten die Leine in unserer linken Hand und haben Futter in unserer rechten. Die Futterhand halten wir vor die Nase des Hundes und sagen „Bleib!". Dabei drehen wir uns vom Hund weg, um ihm direkt gegenüber zu stehen. Wir stehen direkt vor dem Hund und er kann das

Hunde empfinden die „Platz-Position" als Unterdrückung. Versuchen Sie nicht mit Gewalt, den Hund in diese Position zu drücken, er könnte sonst vor dieser Übung mit Furcht reagieren.

Bei fortgeschrittener Ausbildung verwendet man oft Handzeichen, begleitet mit einfachen simplen Kommandos.

Leckerli „belecken". Versichern Sie sich, daß er den Kopf oben hält und die Sitzposition hält. Zählen Sie bis fünf und nehmen die ursprüngliche Stellung neben dem Hund wieder ein. Sowie Sie wieder neben dem Hund stehen, geben Sie dem Hund das Leckerli und loben ihn sanft. Ebenso gehen Sie bei der „Platz"-Position vor. Sowie sich der Hund in der gewünschten Position verhält, sagen Sie ihm „Bleib" und verharren einige Sekunden vor dem Hund. Nach Einnehmen der ursprünglichen Stellung, loben Sie den Hund und geben ihm das Leckerli. Wiederholen Sie diese Übungen und denken Sie immer an ein Lob!

Nach etwa ein bis zwei Wochen können Sie beginnen, die Distanz zwischen Ihnen und Ihrem Hund zu vergrößern. Nutzen Sie die linke Hand für ein Sichtzeichen. Die hochgehaltene, offene Hand signalisiert dem Hund „Halt, hier muß ich in meiner Position verharren!" Halten Sie das Futter wie gewohnt in der rechten Hand, ohne daß diesmal die Hand die Nase des Hundes berührt. Er wird der Futterhand mit dem Blick folgen und schnell lernen, daß er das Futter erhält, sobald Sie wieder Ihre Position an seiner Seite angenommen hat. Wenn Sie mit einem Meter Abstand für 30 Sekunden vor Ihrem Hund verharren können, ist die Zeit reif, um die Distanz schrittweise zu vergrößern. Es kann vorkommen, daß der Hund bereits vor Ihrer Rückkehr die Ausgangsposition, seine „Bleib"-Stellung, verläßt. Kehren Sie zu ihm zurück, korrigieren Sie ihn und wiederholen Sie den Vorgang. Und vergessen Sie niemals, ihn stets zu loben!

Das „Komm" - Kommando

Wenn Sie den „Komm-Befehl" zu einer angenehme Erfahrung für Ihren

Wußten Sie schon?

Mit Ihrem Hund eine Hundeschule zu besuchen, kann die beste Investition sein, die Sie machen können. Sie genießen den Nutzen für die Lebensdauer Ihres Border Collies und Sie lernen Leute mit denselben Interesse für Hunde kennen. Wenn das Ganze dann auch noch viel Spaß macht, dann hat es sich wirklich gelohnt.

Hund machen möchten, sollten Sie darauf achten, daß Ihr Schüler an dieser Übung Spaß hat und gerne zu Ihnen zurückkehrt, wenn er gerufen wird. Manchmal scheint das Geheimnis darin zu liegen, niemals das Wort „Komm!" auszusprechen. Gerade in dem Moment, wenn der Besitzer seinen Hund an seiner Seite haben möchte, ist er oft aufgeregt oder ängstlich und läßt seine negative Stimmung durch den Klang seiner Stimme zum Ausdruck kommen. Wenn der Hund nun die Stimme des Besitzers vernimmt und dieses merkt, wird er dazu verleitet, genau das Gegenteil zu machen, da er sich nicht sicher ist, was ihn bei dem momentanen Tonfall erwartet. Lehren Sie den Hund, den „Komm"-Befehl als ein Spiel anzusehen. Dies ist praktisch eine Übung, in der man keine Fehler machen kann. Lassen Sie Ihre Familie an diesem Spiel teilnehmen! Jeder bekommt ein Leckerli in die Hand und jeder entfernt sich in eine andere Richtung in verschiedene Räume des Hauses.

Legen Sie fest, wer den Hund rufen soll. Jede vom Hund gefundene Person soll nun den Hund über alle Maße loben und ihm als Belohnung das Leckerli geben. Die Spielregeln sind einfach, wenn eine Person den Hund ruft, fordert er den Hund damit auf, ihn zu finden und als Gewinn winkt ein Leckerli für den Hund. Ein paarmal gespielt, lernt der Hund schnell, die Personen zu finden und dieses Spiel zu lieben. Allein das Wort „Komm!" wird ihm stets den Zusammenhang mit dem Spiel in Erinnerung rufen und er wird aus jeder Situation heraus fröhlich zu Ihnen gelaufen kommen. Es ist der wichtigste Befehl, den Ihr Hund lernen muß.

Die klare Sprache!

Beim Herbeirufen des Hundes verwenden Sie nicht unbedingt Worte, wie „Komm!". Rufen Sie lieber „Rover, wo bist Du denn? Such mich doch! Ich hab' was Feines für Dich!" Halten Sie beim Rufen einen konstanten Ton in Ihrer Stimme aufrecht. Der Hund lernt dem Klang Ihrer Stimme zu folgen, um Sie ausfindig zu machen und seine Belohnung zu erhalten.

Das „Bei Fuß" - Kommando

„Bei Fuß"- Gehen bedeutet, daß der Hund neben seinem Besitzer läuft, ohne an der Leine zu zerren. Es dauert einige Zeit und erfordert die Geduld des Besitzers, um hier erfolgreich zu sein. Geben Sie dem Hund zu verstehen, daß Sie nicht weitergehen werden, bevor er locker neben Ihnen herläuft. An der Leine zerren wird nicht toleriert. Beginnen Sie damit, die Leine in Ihre linke Hand zu nehmen und den Hund an Ihrer linken Seite sitzen zu lassen.

Der Befehl „Komm" soll für den Hund freundlich erscheinen. Lassen Sie Ihren Hund spüren, daß er nichts zu fürchten hat.

Lehren Sie Ihrem Hund die „Bei-Fuß“-Übung, indem Sie ihm beibringen, neben Ihnen mit durchhängender Leine zu gehen und mit Ihrem Schritt mitzuhalten, ohne zu ziehen. Ausstellungshunde sollten diese Übung perfekt beherrschen.

Halten Sie danach das Ende der Leine in Ihrer rechten Hand, jedoch führen Sie den Hund mit der linken Hand dicht am Körper. Sagen Sie „Fuß!“ und gehen mit dem linken Fuß vorwärts. Halten Sie den Hund nah bei sich und gehen Sie drei Schritte. Dann stoppen Sie und lassen den Hund sitzen. Dies ist die Ausgangsposition für „Bei Fuß!“-Übungen. Loben Sie Ihren Hund, aber berühren Sie ihn nicht. Warten Sie einen kurzen Moment und beginnen Sie dann die Übung. „Fuß!“ zeigt dem Hund an, daß es los geht. Gehen Sie drei Schritte vorwärts und halten Sie wieder an. Hier lassen Sie den Hund wieder sitzen. Der Vorteil ist, daß der Hund bei diesen drei kleinen Schritten nicht an der Leine ziehen wird. Wenn er also ruhig mit Ihnen geht, erhöhen Sie die Schrittzahl auf fünf, auf zehn und so weiter. Die Wegstrecke wird immer dann verlängert, wenn der Hund ruhig und mit durchhängender Leine „Bei Fuß“ gegangen ist. Wenn Sie die Übung beenden, teilen Sie dem Hund dies mit, indem Sie ihn loben „gut gemacht, feiner Hund!“. Er wird das Lob als Abschluß der Übung empfinden und weiß, daß das Training vorüber ist und er sich nun entspannen kann. Wenn Ihr Hund mit dem Zerren fortfahren sollte, unterbrechen Sie Ihre Schrittfolge und stoppen Sie, bis der Hund sich wieder in einer ruhigen Position befindet, um die Übung nochmals zu wiederholen. Der Hund muß verstehen, daß Ihr Spaziergang genau in dem Moment endet, indem er beginnt an der Leine zu ziehen und es nirgendwo mehr hin geht! Verharren Sie einige Zeit in Ihrer Position und beginnen die Übung von neuem. Immer wenn der Hund zu Ihnen aufschaut oder die Leine locker hängen läßt, loben Sie ihn leise und wiederholen den Befehl „guter Hund, fein bei Fuß!“ Der Hund wird schnell lernen und innerhalb kurzer Zeit hat er verstanden, was Sie von ihm verlangen. Er wird mit Ihnen spazieren gehen, ohne an der Leine zu zerren. Als positiven Abschluß dieser Übung sollte ein ausgiebiger Spaziergang als Belohnung folgen. Vergessen Sie auch nicht, dem Hund genügend Zeit zu verschaffen, um ausgiebig zu rennen und zu spielen, damit die Übungen nicht ausschließlich den Tagesablauf bestimmen.

Wo soll ich den Hund ausbilden?

Den Befehl „Geh bei Fuß“ trainieren Sie mit Ihren Hund am besten in einem umzäunten Teil des Gartens. Sobald Sie denken, Ihr Hund gehorcht zuverlässig, versuchen Sie fortgeschrittene Gehorsamsübungen ohne Leine. In der Umzäunung kann er nicht weglaufen.

Achten Sie drauf!
Wenn Sie zu Beginn des „Bei Fuß"-Trainings lange Spaziergänge mit strammer Leine durch Ihren Hund dulden, wird er die Übung falsch verstehen und es dauert um so länger, bis Sie mit einem entspannten Hund und durchhängender Leine spazierengehen können.

Abgewöhnung des Futtertrainings

Belohnung mit Futter ist solange eine gute Trainingsmöglichkeit, bis der Hund die Kommandos verstanden hat. Nun ist es Zeit, die ausschließliche Belohnung durch Leckerlies zu reduzieren und letztlich wieder abzugewöhnen. Zuerst gibt man eine Belohnung nach jeder ausgeführten Übung. Dann beginnt man, die Belohnung auf die abgeschlossenen Kommando-Übungen zu reduzieren. Wechseln Sie die Zeiten, in denen Sie Leckerlis geben oder nur mit einem Lob abschließen, wobei ein verbales Lob grundsätzlich gegeben werden soll. Dabei soll der Hund nicht vorher erkennen können, zu welchen Übungen er ein Leckerli bekommt. So wird der Hund immer versuchen, die Übung korrekt auszuführen, da er ja nicht voraussieht, wann er sein Leckerli bekommt. Schließlich reduzieren Sie die Belohnung mit Leckerlis ganz und loben den Hund nur noch mit Worten.

Trainingsstunden schaffen eine wunderbare Beziehung zwischen Ihnen und Ihrem Hund. Deshalb ist ein gut erzogener Border Collie nicht nur ein folgsameres Haustier, sondern auch ein angenehmer Begleiter.

Gehorsamstraining/ Grundausbildung

Wie bereits besprochen, ist es eine gute Idee, den Hund in einer Hundeschule anzumelden. Viele Regionen haben Hundeclubs, in denen Gehorsamstraining und auch Welpenspieltage durchgeführt werden. Auch gibt es Trainer, die entsprechende Kurse sowie Einzelstunden anbieten. Wählen Sie diese Schule

Achten Sie drauf!
Wenn Sie Ihren Hund führen und er plötzlich innehält und Sie starr anblickt, sollten Sie ihn einfach ignorieren. Ziehen Sie seine Leine in die Richtung, in die Sie gehen wollen und führen ihn auch dort hin.

sorgsam aus, denn Ihr Border Collie langweilt sich schnell bei schlechten Trainingsstunden, bei denen er nur beispielsweise „Bei-Fuß-Gehen“ soll. In der Grundausbildung gibt es die Möglichkeit, den Kurs mit einer Begleithundprüfung abzuschließen. Die Anfängerkurse beinhalten Grundübungen wie „Sitz, Platz, Fuß etc.“ Weiterführende Kurse beinhalten „Springen, Hüten, Fährtensuche oder Sichtbefehle“. Die Kurse für Fortgeschrittene fordern vom Besitzer einen erheblichen Zeitaufwand und Trainingseinsatz.

Andere Aktivitäten

Hat Ihr Hund erst einmal seinen Grundgehorsam erlernt, gibt es noch viele weitere Möglichkeiten ihn zu beschäftigen. Viele Aktivitäten machen Spaß und bringen dem Hund und auch dem Besitzer eine große Befriedigung. Der Border Collie ist ein äußerst vielseitiger Hund und wird sowohl als Hütehund als auch als Rettungshund ausgebildet. Diese Vielseitigkeit macht ihn zu einem zuverlässigen Familienhund und Freund. Einem Hund beizubringen, wie er im Haus, im Garten oder auf dem Hof helfen kann, ist ein großes Erfolgserlebnis für Herr und Hund. Ein Hund kann das Zusammenleben einfacher machen und sich so als geachtetes Familienmitglied integrieren. Durch diese Aufgabe ist er stets gefordert und erhält dadurch die Möglichkeit, seine Energie umzusetzen.

Der Besuch einer Hundeschule ist eine weitere Erfahrung für Ihren Hund und ein wichtiger Schritt in seiner Sozialisierung mit anderen Hunden. Auch Sie als Besitzer profitieren davon. Sie haben die Möglichkeit, mit anderen Hundebesitzern über Erfahrungen und Herausforderungen in der Hundeausbildung zu diskutieren.

Man kann mit dem Hund hervorragend Bergwanderungen unternehmen. Dies ist eine aktive und gesunde Aufgabe, die der Hund ohne große Hilfe lernen kann. Ausgiebige Spaziergänge und Klettern sind gut für Hund und Besitzer und es wird dabei ein wunderbares Zusammengehörigkeitsgefühl entwickelt.

Wenn Sie an weiteren Aktivitäten mit Ihrem Border Collie interessiert sind, bietet sich der Agility Sport an. Dies ist ein Mensch-und-Hund Geschicklichkeitsparcours, der sehr populär geworden ist. Der Hund durchläuft mit seinem Besitzer einen Parcour aus Kletter- und Sprungelementen, durchquert einen Tunnel und bewältigt andere Hindernisse, die seine Kondition und Flexibilität trainieren. Der Besitzer läuft dabei meistens neben dem Hund her, was eine gute Kondition erfordert. Der Agility Sport hat in großen Vereinen seine eigenen Wettkämpfe und ist interessant für die Teilnehmer wie auch für die Zuschauer. Natürlich ist und bleibtder beste

Eine Frisbeescheibe zu werfen, ist ein ausgezeichneter Zeitvertreib für den Border Collie. Es ist auch ein idealer Ersatz, wenn das „Herrchen" nicht genauso viel laufen will, wie sein Hund.

Zeitvertreib für den Border Collie der Hütetrial, der auch einer der beliebtesten Beschäftigungen unter den Border Collie Enthusiasten ist. Zu beachten ist dabei, daß die Ausbildung ein langwieriges Unterfangen ist, das regelmäßig trainiert werden muß. Denken Sie daran, Schafe sind keine Sportgeräte sondern Lebewesen, die bei dieser Arbeit Streß empfinden. Aber das „hüten" ist sehr lohnend und zudem ist es sehr aufregend zu beobachten, wie prompt der Border Collie durch sein angeborenes Wesen arbeitet.

Hütehundprüfungen geben dem Border Collie eine Gelegenheit, seine natürlichen Hüteinstinkte zu beweisen. Diese Prüfungen sind gleichermaßen ein großer Spaß für Hund, Abrichter und Publikum.

Krankheiten, die beim Border Collie auftreten können

Beim europäischen Border Collie sind diese Krankheiten recht selten. HD und Augenkrankheiten werden im VDH routinemäßig untersucht. Dennoch können diese Krankheiten auftreten.

Hüftgelenksdysplasie (HD)

Ein- oder beiderseitige Entwicklungsanomalie der Artikulation zwischen Becken und Femur unterschiedlichen Grades, die röntgenologisch durch eine schlechte Anpassung des Femurkopfes an das Azetabulum, klinisch durch Lahmheit und pathomorphologisch durch reaktive Gewebeveränderungen auf wiederholte Mikrotraimen characterisiert ist, zu denen sich im späteren Leben eine Arthrosis defomans gesellt. Die HD-Veranlagung ist nicht heilbar. Eine Behandlung kann nur symptomatisch erfolgen, wobei u. U. Schmerzen und klinische Symptome (Lahmheit) gebessert werden, Gelenkveränderungen jedoch bestehen bleiben.

Erbliche Innenohrtaubheit

Innenohrtaubheit ist Bestandteil bestimmter Pigmentmangelsyndrome. Merkmalträger des Merle-Syndroms (Weißtiger) nicht immer taub. Es handelt sich um eine genetisch heterogene Störung. Beim Border Collie wurde eine einfache autosomal rezessive Hörstörung nachgewiesen, die nicht an Weiß gebunden ist.

Ceroid Lipofuscinosis (CL)

Lipodystrophien von Nerven-, Epithel- und Mesenchymzellen mit unbekanntem Basisdefekt. Fortschreitende Erblindung, Taubheit, Abgestumpftheit (Lernunfähigkeit), Orientierungsstörungen bei einem Erstmanifestationsalter von 12 bis 15 Monaten. Der Tod tritt gewöhnlich vor Vollendung des 2. Lebensjahres ein. Erblichkeit wurde mehrfach nachgewiesen. Stammt aus Australien und tritt dort mit einer Wahrscheinlichkeit von 1 : 16 000 auf – in Deutschland unbedeutend.

Zentral Progressive Retinaatrophie (CPRA)

Schwund der Netzhaut bestimmter Netzhautschichten oder –abschnitte auf der Grundlage angeborener dystrophischer Prozesse, wobei der zentrale Retinabezirk zuerst betroffen ist. Die zentrale Dystrophie wird häufig erst im mittleren Lebensalter klinisch manifestiert (4 bis 6 Jahre). Im Frühstadium sind die zentralen, der Sehnerveintrittsstelle („blinder Fleck") benachbarten Teile der Retina betroffen. Es kommt zur Wucherung der Pigmentschicht und Pigmentakkumulation (braune Flecke), wodurch zunächst das zentrale Sehvermögen eingeschränkt wird.

Collie Augenanomalie (CEA)

Angeborene erbliche Defekte des Augenhintergrundes, die bei allen Farbschlägen und in beiden Geschlechtern auftreten. Im wesentlichen handelt es sich um eine chorioretinale Dysplasie und um eine von der Papilla fasciculi optici ausgehende Fundusaushöhlung bzw. Kolobombildung, die die Sehkraft der Merkmalträger beeinträchtigt und zur Erblindung führen kann. Im Prinzip bestehen die Störungen von Geburt an.

Progressive Retinaatrophie (PRA)

Mit Nachtblindheit beginnende fortschreitende periphere Atropie der Netzaut, die zur vollständigen Erblindung führt. Die meist bilateral auftretende Krankheit beginnt vornehmlich im jugendlichen Alter mit Nachtblindheit und endet mit völliger Erblindung. Zunächst kommt es zur Verengung und Degeneration peripherer Netzhautgefäße und schließlich zur totalen Retina-Atrophie. Der Erbgang ist einfach autosomal rezessiv.

Epilepsie

Gestörte zerebrale Reaktion heterogener Natur; Entladung von Neuronengruppen, die sich klinisch vorwiegend in Form motorischer und sensorischer Anfälle (Krämpfe) äußert. Erbliche Fälle beim Hund treten im Unterschied zu den exogenen bedingten schon im jugendlichen Alter auf. Es werden sowohl kleine als auch große Anfälle beobachtet, wobei kleine Anfälle Vorboten größerer Attacken sind. Rezessive oder unvollständig dominante Vererbung.

Gesundheitsvorsorge für Ihren Border Collie

Als Säugetiere haben Hunde oft die gleichen Krankheiten wie Menschen. Ebenso teilen Sie viele psychische Probleme. Weil man die humanen Krankheiten intensiver erforscht hat, als die kynologischen, gibt dieses Kapitel Auskunft in einer vertrauten Wortwahl, die nicht notwendigerweise in jeder Tierarztpraxis benutzt wird. So verwenden wir z. B. das Wort „Symptom", obwohl wir wissen, daß Hunde keine Symptome zeigen, sondern einen klinischen Befund aufweisen. Symptom ist die wörtliche Umschreibung des allgemeinen Befindens eines Patienten. Da Hunde aber nicht sprechen können, müssen wir die klinischen Anzeichen herausfinden. Wir benutzen dennoch das Wort Symptom in diesem Buch. Als generelle Regel ist zu beachten, daß Medizin praktiziert wird. Dieses Wort ist nicht willkürlich gewählt. Medizin ist ein konstantes Hinzulernen und Erweitern von Kenntnissen, da wir ständig mit neuen Forschungsergebnissen konfrontiert werden. Wir erfahren ständig mehr über die Genetik, elektronische Hilfsmittel werden verbessert und auf vielen Gebieten gibt es neue Erkenntnisse. Es gibt Krankheiten wie z. B. HD, die nicht generell alle in gleicher Weise behandelt werden. Manche Tierärzte raten viel früher zu einer Operation als andere.

Auswahl eines guten Tierarztes

Die Wahl eines Tierarztes sollte nicht ausschließlich auf persönliche Sympathie beruhen, obwohl dies meistens der Fall ist. Es sollte auch berücksichtigt werden, ob der Tierarzt in Ihrer Nähe wohnt, falls Sie einen Notfall haben oder regelmäßige Besuche machen müssen. Sie sollten einen Tierarzt wählen, der eventuell die Möglichkeit zur Unterbringung Ihres Hundes in seiner Praxis hat. Hier bietet sich auch eine Tierklinik an. Diese hat Behandlungsräume, die es ermöglichen, auch komplizierte Anliegen zu behandeln und die ein gutes Ansehen genießen, sowie verantwortungsbewußtes Fachpersonal haben. Es gibt nichts ärgerlicheres, als einen Tag oder länger auf eine Antwort zu einem ärztlichen Befund zu warten. Ein Großteil der Tierärzte haben sich spezialisiert. Es gibt Herzspezialisten (vet. Kardiologen), Hautspezialisten (vet. Dermatologen), Zahn- und Kieferspezialisten (vet. Dentisten),

Hunde schwitzen nicht. Sie benutzen ihre Zunge, um durch starkes Hecheln Ihr Blut zu kühlen. (Temperaturausgleich)

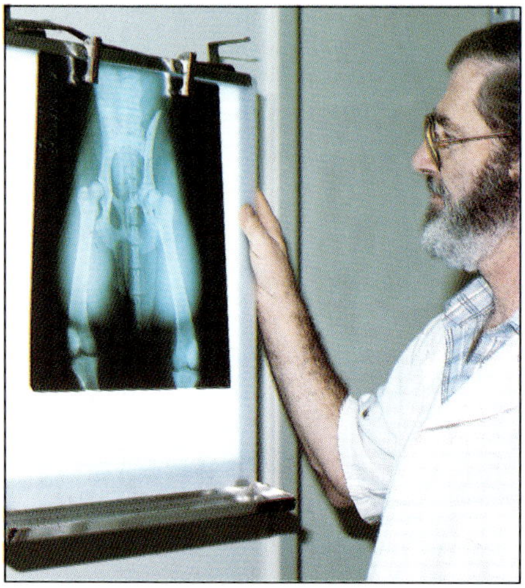

Alle Tierärzte haben während Ihrer Ausbildung gelernt, Röntgenbilder zu begutachten. Allerdings sind die Radiologen für eine Auswertung nach bestimmten Vorgabekriterien und Details besonders ausgebildet.

Augenspezialisten (vet. Ophthalmologen), Röntgenfachärzte (vet. Radiologen) und Chirurgen, die sich auf Knochen, Muskeln und andere Organe spezialisiert haben. Viele Tierärzte machen Routineoperationen selbst. Außerdem werden Kastrationen vorgenommen, das Nähen von Wunden und früher das Kupieren von Ruten, das ja heute nicht mehr erlaubt ist.

Wenn Ihr Hund ein ernstes Problem hat, ist es nicht unüblich, eine weitere fachärztliche Meinung einzuholen. Ebenso sollten Sie die Kosten von verschiedenen Tierärzten vergleichen. Ernsthafte Gesundheitsvor- und nachsorge und tierärztlicher Service können sehr kostspielig sein. Zögern Sie nicht, die Kostenfrage mit dem Tierarzt oder mit einem Mitarbeiter seiner Praxis zu besprechen . Es ist nicht unüblich, wenn in wichtige Entscheidungen auch der finanzielle Aspekt mit einfließt.

Vorbeugende Maßnahmen

Es ist einfacher, kostengünstiger und effektiver, wenn man bereits gesundheitliche Vorsorgemaßnahmen trifft. Ordentlich gezüchtete Welpen stammen von gesunden Elterntieren ab. VDH-Zuchthunde werden routinemäßig auf Augenkrankheiten und Hüftgelenksdysplasie getestet.

Vorsorglich sollten Sie den Welpen Ihrem Tierarzt vorstellen. Durch die Mutterhündin sind die Welpen erst einmal resistent gegen Krankheiten. Diese Resistenz dauert etwa 8-10 Wochen. Allerdings können dennoch Parasiten und Infektionen an die Welpen weitergegeben werden. Deshalb ist eine Vorsorgeuntersuchung des Tierarztes notwendig.

Welpen sollten bis zu einem Alter von zwei Monaten von der Hündin gesäugt werden. Ein Welpe, der die ersten 8 Wochen bei seiner Mutter und den Geschwistern verbringt, ist normalerweise sehr gut sozialisiert und auf seine Umwelt geprägt. Damit ist er auf das Zusammenleben in seiner neuen Familie gut vorbereitet. In jedem Fall sollten Sie

Am Anfang ist Vorsicht geboten!

Ihr Tierarzt empfiehlt Ihnen wahrscheinlich, Ihren Hund nicht mit in die weitere Umgebung zu nehmen, bevor er geimpft ist. Es können leicht Krankheiten übertragen werden. Parasiteneier werden aus dem Gras aufgenommen werden und unerwartete Begegnungen mit anderen Hunden könnten für die Gesundheit Ihres Welpen gefährlich sein.

Ihren Welpen nach Abholung vom Züchter umgehend Ihrem Tierarzt vorstellen. Er wird mit Ihnen einen weitergehenden Impf- und Entwurmungsplan aufstellen. Er wird die Zähne kontrollieren, sich den Knochenbau ansehen und eine allgemeine Gesundheitsuntersuchung vornehmen. Manche Welpen haben Probleme mit Patellaluxation, Grauen Star oder anderen Augenproblemen. Es können auch Herzgeräusche auftreten oder die Hoden sind nicht vollständig ausgebildet oder noch nicht in den Hodensack abgestiegen. Manchmal haben sie auch hormonell bedingte Verhaltensstörungen, auf die ein Tierarzt eingehen muß. Welpen haben noch keine Sexualhormone (Testosteron).

Impfplan

Normalerweise werden Impfstoffe durch eine Injektion vom Tierarzt verabreicht. Sie sollten diese Daten sowie den Impfstoff notieren und den nächsten Termin vormerken. In der Regel erhalten Sie aber vom Tierarzt einen Impfpaß, in dem dieser seine Eintragungen über die Impfungen vornimmt. Ein Impfplan basiert auf einem 15-tägigen Rhythmus. Die erste Impfung sollte der Welpe mit sechs bis acht Wochen erhalten. Eine Wiederholungsimpfung erfolgt 15 Tage später, wenn die Welpen zehn bis zwölf Wochen alt sind und danach mit 14 bis 16 Wochen. Impfungen sollten niemals in einem geringeren Abstand als 15 Tage vorgenommen werden, da sich die Wirkung des Mittels aufheben

Achten Sie drauf!

Eine Überprüfung der Zähne sollte in einem Alter zwischen sechs Monaten und einem Jahr stattfinden, dann, wenn die permanent bleibenden Zähne durchgebrochen sind. Falsche Zahnstellungen könnten jetzt noch korrigiert werden. Es ist wichtig, dem Hund regelmäßig die Zähne zu kontrollieren und zu reinigen. Für die regelmäßige Zahnpflege sollte vorzugsweise eine zweiseitige Hundezahnbürste verwendet werden, mit

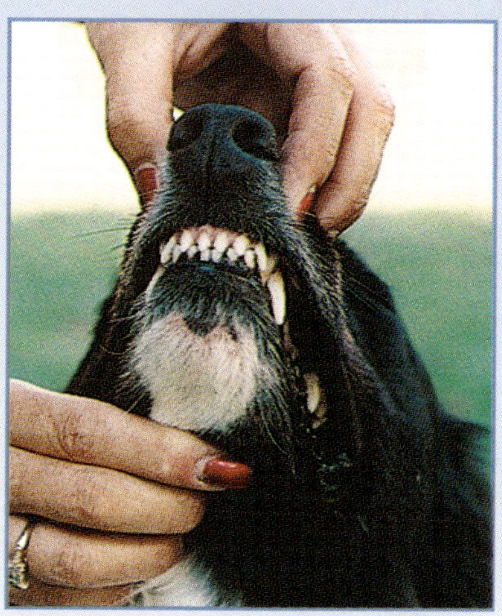

der beide Seiten des Zahns zu derselben Zeit gebürstet werden. Haltbares Kauspielzeug und sichere zahnreinigende Leckerlies, sollten ein Teil der Gesundheitsvorsorge für den Welpen sein, um gute Zähne und angenehmen Atem zu erhalten. Eine Vielzahl von Hunden, im Alter zwischen drei bis vier Jahren und älter, leiden unter Zahnerkrankungen. Deshalb sollte der Zahnpflege und der Zahnkontrolle immer eine besondere Aufmerksamkeit zukommen.

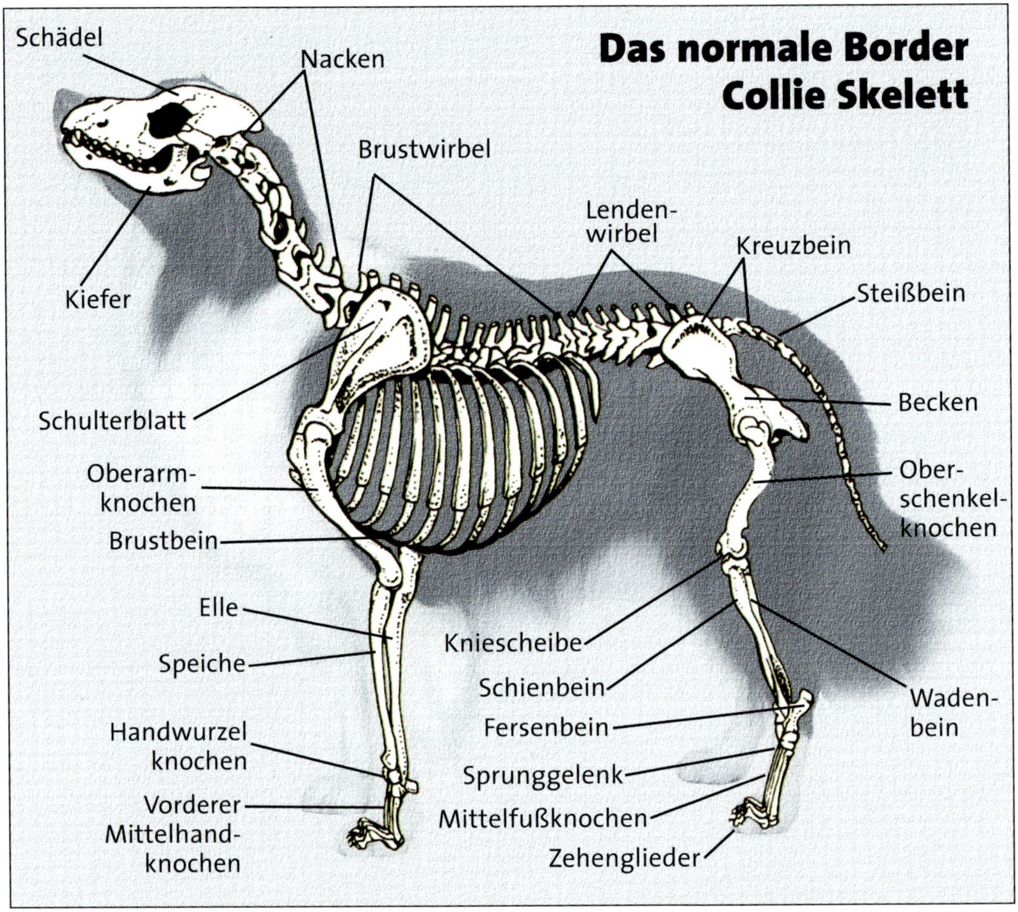

könnte. Die meisten Impfungen sind gegen Virusinfektionen. Gewöhnliche Vakzine enthalten Immunstoffe verschiedener Viren, wie z. B. gegen Staupe, Parvovirose, Leptospirose und Hepatitis. Sollte eine Impfung aus Risikogründen schnell erfolgen, gibt es auch hier verschiedene Möglichkeiten der Impfung. Sie sollten sich immer fachlichen Rat einholen. Dies trifft besonders für die jährliche Auffrischungsimpfung

Achten Sie drauf!

Es kann vorkommen, daß Impfstoffe nicht wirksam werden. Manche Hunde reagieren allergisch auf das Impfserum und die Antikörper, die durch das Serum produziert werden sollen und so nicht aktiv werden können. Nach einer Impfung sollten Sie Ihren Hund in der Tierklinik noch eine Stunde lang unter Beobachtung halten, um Impfallergien oder andere Impfstoffreaktionen auszuschließen.

zu. Die meisten Impfungen werden nach einem Impfplan vorgenommen. Eine Wiederholungsimpfung findet statt, wenn der Welpe ein Jahr alt ist, und diese wird jährlich aufgefrischt. In einigen Fällen erfordern die Umstände auch eine häufigere Immunisierung. Bei Zwingerhusten gibt es auch die Möglichkeit, den Impfstoff in die Nasenlöcher zu sprühen. Ihr Tierarzt wird Sie über all diese Dinge aufklären.

Jährliche Gesundheitsvorsorge

Wenn Ihr Welpe fünf Monate alt ist, sollte er alle Impfungen abgeschlos-

Vorsicht bei Narkose

Für jeden Hund kann eine Narkose gefährlich werden, besonders aber für einen Border Collie. Versichern Sie sich, daß Ihr Tierarzt über die Besonderheiten der Rasse Bescheid weiß. Border Collies reagieren übermäßig empfindlich in bezug auf Thiobarbiturat wie Surital, welches erfordert, daß das Körperfett metabolisierend ist. Der Border Collie hat besonders in einem magerem Arbeitszustand einen sehr niedrigen Prozentsatz an Körperfett.

Impf- und Entwurmungsplan

Alter in wochen:	3Wo.	6Wo.	8Wo.	10Wo.	12Wo.	14Wo.	16Wo.	20-24Wo.
Entwurmung	✔	✔	✔	✔	✔	✔	✔	✔
Herzwürmer	✔							✔
Parvovirose		✔			✔			
Staupe		✔			✔			
Hepatitis		✔			✔			
Leptospirose		✔			✔			
Parainfluenza		✔			✔			
Zahnkontrolle			✔					✔
Hauptuntersuchung		✔					✔	
Wesenstest			✔					
Zwingerhusten		✔			✔			
Tollwut							✔	

Impfungen wirken oft nicht sofort, weil es manchmal einige Zeit dauert, bis der Körper des Hundes reagiert.
Impfstoffe können durch Überschneidungen unwirksam werden.
Auf jeden Fall fragen Sie Ihren Tierarzt.

sen haben. Ab einem Alter von einem Jahr, wenn der Hund ausgewachsen ist, können die Hüften wegen des Hüftgelenksdysplasie-Befundes geröntgt werden. Sollten Sie Ihren Hund mit ins Ausland nehmen wollen, in denen besondere Impfvorschriften gelten, so kann jetzt auch über einen Bluttest der Antikörper-Test (Titer) vorgenommen werden. Hier wird festgestellt, ob z. B. die Tollwutimpfung genügend Antikörper aufweist.

Sollten Sie mit Ihrem Border Collie keine Ausstellungen besuchen oder eventuell züchten wollen, stellt sich zu diesem Zeitpunkt oft die Frage einer Kastration. Im allgemeinen wird sie in Deutschland heute nur noch selten vorgenommen, da man der Meinung ist, daß eine Notwendigkeit nur vorliegt, wenn gesundheitliche Aspekte ausschlaggebend für eine Kastration sind. Wenn Sie eine Kastration in Betracht ziehen sollten, so hält man bei einer Hündin die Zeit nach der dritten Hitze für geeignet.

Versäumen Sie mit Ihrem Border Collie nicht die regelmäßigen Tierarztbesuche. Es ist ratsam, einmal im Jahr einen allgemeinen Gesundheitstest durchführen zu lassen. Ansonsten ist ein Tierarztbesuch nur zu den notwendigen Impfterminen erforderlich.

Wenn Ihr Border Collie dann älter wird, sollten Sie beachten, daß sich sein Stoffwechsel auf die Erfordernisse im Alter einstellen muß. Seine Augen können an Sehkraft verlieren, sein Hörvermögen kann nachlassen. Auch die Leber, Niere

Was wissen sie über Hüftgelenksdysplasie?

Ebenso wie bei anderen Rassen, findet man auch beim Border Collie Fälle von Hüftgelenksdysplasie, der sogenannten HD. Bei einem positiven HD-Befund liegen die Gelenkköpfe seiner Hinterläufe nicht korrekt in der Gelenkpfanne. Je älter der Hund wird und je mehr das Gelenk beansprucht wird, um so mehr kann sich diese Situation verschlechtern. Die Hüfte wird immer loser in der Gelenkpfanne gehalten. Dies kann zu Deformierungen und Kalkablagerungen führen, die wiederum Arthrose hervorrufen und Schmerzen verursachen.

Der Nachweis eines HD-freien Hundes erfolgt über ein Röntgenbild, das von einem Experten ausgewertet wird. Ist Ihr Border Collie von leichter, mittlerer oder schwerer HD betroffen, müssen Sie einiges beachten, um ihm den Bewegungsablauf zu erleichtern. Oft muß auch der Futterplan in diese Erkenntnis mit einbezogen werden. Mit leichter oder mittlerer HD kann ein Hund oft völlig schmerzfrei leben. Aber auch Hunde mit schwerer HD können viele Jahre leben und müssen nicht unbedingt immer schwere Schmerzen haben. Tiere mit höheren HD-Graden sollen in der Zucht nicht eingesetzt werden. Beim Border Collie ist die HD nicht so oft zu beobachten.

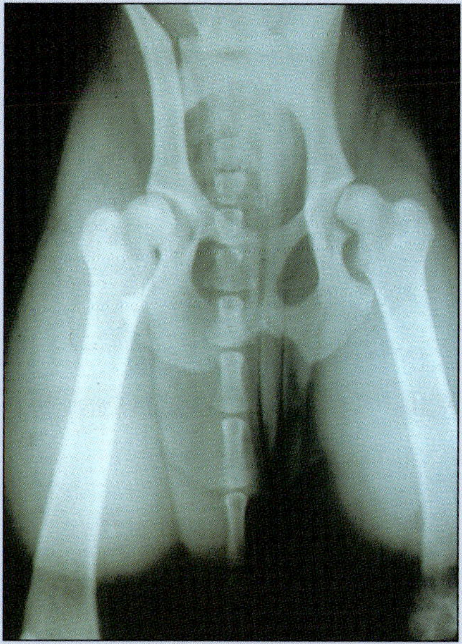

Wenn Sie die beiden Hüftgelenke vergleichen, sehen Sie den Unterschied in der Ausbildung der Hüftknochen. HD ist eine schlechte Lagerung des Hüftgelenks in der Hüftpfanne, die mit fortschreitendem Alter zu weiterer Verschlechterung führt.
HD kann durch zu energiereiche Ernährung im Alter von vier bis neuen Monaten stark begünstigt werden.

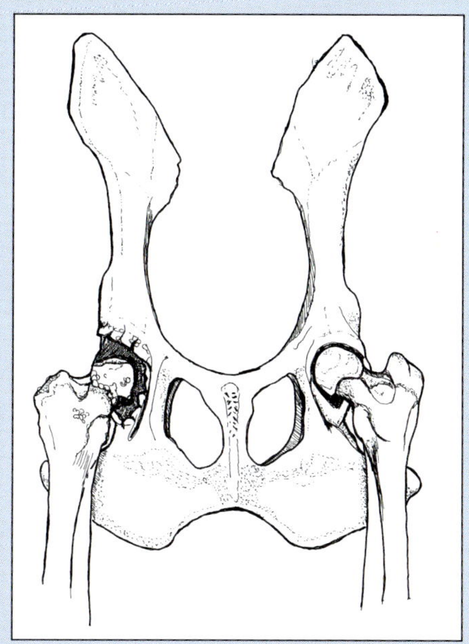

Skizze, links ein deformiertes Hüftgelenk mit starker Deformation, rechts ein korrekt in der Gelenkpfanne liegender Hüftknochen.

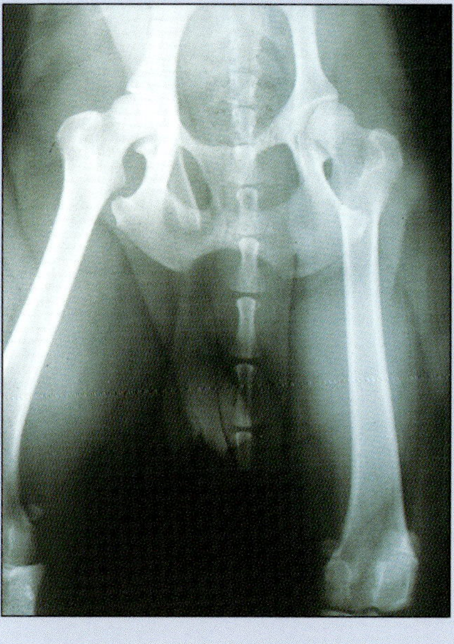

Der korrekte HD-Befund kann nur über ein Röntgenbild festgestellt werden. Beim Border Collie manifestiert sich die HD im Alter zwischen vier und neun Monaten, die sogenannte schnelle Wachstumsperiode.

Die genetische Veranlagung der HD oder auch von Hautproblemen können von der Mutter an die Welpen weitergegeben werden.

und Blase sind manchmal in ihrer Funktion eingeschränkt. Hier muß eine Futterumstellung zu altersgerechter Ernährung erfolgen. Tierärztliche Vorsorge kann Ihrem Border Collie das Älterwerden erleichtern.

Hautprobleme beim Border Collie

Mehr als für jede andere Gruppen von Krankheiten, werden Tierärzte von Hundeeigentümern bei Hautproblemen konsultiert. Oft leiden Hunde extrem darunter, denn ihre Haut ist fast so empfindlich, wie die menschliche Haut. Beide erliegen denselben Leiden (obwohl Akne bei Hunden selten vorkommt!). Deshalb hat sich die Veterinärdermatologie zu einem tierärztlichen Spezialgebiet entwickelt. Da viele Hautprobleme visuelle Anzeichen haben, die fast alle identisch mit Krankheiten aus der Humanmedizin sind, verlangen diese nach der Fertigkeit eines erfahrenen Veterinärhautarztes, der viele der schwerwiegenderen Hautstörungen identifiziert und heilt. Einfach ausgedrückt, wenn Ihr Hund an einer Hautstörung leidet, suchen Sie so schnell wie möglich professionelle Hilfe auf. Hier verhält

Krankheit	Art	Ursache	Symptome
Leptospirose	schwere Krankheit, die die inneren Organe angreift; kann auf Menschen übertragen werden	Bakterien, die häufig von Nagetieren verbreitet werden und sich durch die Schleimhäute im Körper verbreiten	Fieber, Erbrechen und Appetitverlust, in weniger schweren Fällen; bis zum Schock, unheilbarem Nierenversagen und möglicherweise Tod in besonders schweren Fällen
Tollwut	potentiell tödliches Virus, das für warmblütige Säugetiere infektiös ist	eine Bakterie, die oft von Nagetieren übertragen wird, ebenfalls durch die Schleimhäute eindringt und sich schnell im ganzen Körper verteilt	1. Stadium: Verhaltensänderung, Angst 2. Stadium: gesteigerte Aggressivtät 3. Stadium: Koordinationsverlust und Verlust der Kontrolle über die Körperfunktionen
Parvovirose	hochansteckendes Virus, potentiell tödlich	Aufnahme des Virus, das vor allem durch den Kot infizierter Hunde verbreitet wird	im allgemeinen schwere Durchfälle, Erbrechen, Müdigkeit, Appetitlosigkeit
Zwingerhusten	ansteckende Atemwegsinfektion	Kombination von Bakterien und Viren. Häufig kommen Bordetella bronchiseptica und das Parainfluenza-Virus vor.	chronischer Husten
Staupe	Krankheit, die hauptsächlich das Atemwegs- und Nervensystem angreift	ein Virus, das mit dem menschlichen Masernvirus verwandt ist	leichte Symptome wie Fieber, Appetitlosigkeit und Schleimausscheidung steigern sich bis hin zu Ausfällen des Gehirns.
Hepatitis	ein Virus, das hauptsächlich die Leber angreift	ein Caninus adeno-Virus Typ 1 (CAV 1), wird durch Einatmen aufgenommen	schwächere Symptome sind beispielsweise Durchfall und Erbrechen, schwerere Symptome sind beispielsweise Virusklumpen in den Augen
Coronavirus	ein Virus, das Verdauungsprobleme hervorruft	Virus wird durch den Kot infizierter Hunde verbreitet	Magenverstimmung gekennzeichnet durch Appetitverlust, Erbrechen und Durchfall

es sich wie mit allen Krankheiten, je früher ein Problem identifiziert und behandelt wird, desto erfolgreicher ist die Heilung. Zoohandlungen verkaufen viele Mittel gegen Hautprobleme. Bitte beachten Sie aber, daß die meisten dieser Behandlungsmittel nur auf die Symptome und nicht auf die grundeliegenden Probleme ausgerichtet sind.

Wußten Sie schon?
Eigentümer können ihren Teil zur Verhinderung von Hüftgelenksdysplasie beitragen. Sie sollten Ihren Border-Collie Welpen nie überfüttern. Halten Sie Ihren Welpen etwa 20 Prozent unter Gewicht: Sie sollen immer noch in der Lage sein, die Rippen und Wirbel des sportlichen Hundes zu fühlen. Übergewicht ist für einen Border Collie nie akzeptabel. Überflüssige Pfunde können bei einem aktiven Hund auch das Risiko von Herzinfarkt oder Erschöpfung steigern. Beginnen Sie nie die Arbeit mit Ihrem Hund bevor er 1 Jahr alt ist. Eine Überbelastung im jungen Alter kann ebenfalls die Entwicklung von HD verstärken.

Leckekzem

Border Collies haben ein sehr schwer zu verstehendes Syndrom, das Acral-Leckekzem genannt wird. Dies ist eine schwere Verhaltensstörung, die auf nicht rassegerechte Beschäftigung zurückzuführen ist. Eine Änderung der Lebensweise des Hundes bringt sehr häufig Heilung. Bei diesem Syndrom handelt es sich um einen Angriff des Hundes auf bestimmte Partien des eigenen Körpers. Fast immer sind es die Beine, die ständig bearbeitet werden. Die Hunde lecken so intensiv, bis Haare und Haut weggeleckt sind. Es entsteht eine häßliche, große Wunde. Eine absolute Heilung ist aussichtslos. Oft aber werden cortisonhaltige Mittel zur Linderung verabreicht.

Ein Leckekzem kann zu einer offenen Wunde und zu einer schlimmen Entzündung führen, wenn es nicht zeitig erkannt und vom Tierarzt behandelt wird. Leckekzeme finden sich häufig an den Vorderpfoten des Hundes. Die Ursache ist nicht vollständig nachgewiesen, obwohl man weiß, daß Langeweile des Hundes ein häufiger Grund ist.

Insektenstiche

Viele von uns reagieren allergisch gegen Insektenstiche. Der Stich juckt, wird dick und kann sich entzünden. Auch Hunde haben diese Reaktion auf Fliegen, Zecken oder Milben. Während Sie die Möglichkeit haben, die Mücke nachdem Sie gestochen hat, zu töten, hat der Hund nur die Möglichkeit, sich zu schütteln, zu beißen oder zu kratzen. Wenn der Hund sich wegen eines Bisses kratzt, hat der Floh oft schon in die nächste Stelle gebissen. Außerdem legt er seine Eier ab, was ein weiteres Problem hervorruft. Durch die Eiablage wird ein Kreislauf in Gang gesetzt, die der Mensch

Wußten Sie schon, daß...

die Wahrscheinlichkeit 1 : 4 beträgt, daß ein Welpe aus Elterntieren, die das rezessive Gen für Akrodermatitis in sich tragen, tatsächlich erkrankt? Folgende Genkombinationen sind möglich: aa = gesund, AA = genetisch und phänotypisch krank, Aa = rezessiv, phänotypisch gesund. Wenn sowohl die Hündin als auch der Rüde Träger des Aa-Gens sind, steht die Wahrscheinlichkeit 1 : 4, daß der Welpe die verhängnisvolle Genkombination AA aufweist, wie das Schaubild zeigt.

Rüde \ Hündin	A	a
A	AA	Aa
a	Aa	aa

nur durch Behandlung mit medizinischen Mitteln unterbrechen kann. Hier gibt es gute Medikamente, die bei regelmäßiger Anwendung eine Parasitenfreiheit des Hundes garantieren.

Auto-immune Hauterkrankungen

Auto-immune Hauterkrankungen werden weithin beschrieben als: Gegen sich selbst allergisch zu sein. Es sind schwere Hauterkrankungen und erfordern lebenslange Behandlung. Allergien führen normalerweise zu Gegenreaktionen auf einen Außenanreiz. Auto-immune Krankheiten führen zu Entgleisungen des körpereigenen Abwehrsystems. Diese richten sich gegen Bestandteile der Haut und verursachen ernste Schäden am betroffenen Gewebe. Die bekannteste auto-immune Krankheit ist Lupus. Sie kommt bei Menschen ebenso wie auch bei Hunden vor. Die Anzeichen sind sehr variabel und können die Nieren, die Knochen, das Blutbild und die Haut schädigen. Sie kann sowohl für Hunde als auch für Menschen tödlich sein, es wird nicht angenommen, daß sie übertragbar ist. Normalerweise kann eine erfolgreiche Behandlung mit Cortison, Prednisonem oder ähnlichen Corticoiden in Salben oder Tablettenform erfolgen. Die Verwendung dieser Medikamente hat allerdings oft schädliche Nebenwirkungen.

Pollenallergie

Eine andere Form von Allergie ist die Pollenallergie. Menschen bekommen Heuschnupfen, reagieren allergisch auf Blütenpollen oder haben andere Allergien, die während der Pollenflugzeit zum Ausbruch kommen. Viele Hunde tragen die gleichen Allergien in sich. Sie leiden darunter besonders bei vermehrtem Pollenflug. Sie zeigen dies

Wußten Sie schon?

Fälle von hyperaktiven Adrenalinausstoß (Cushing Krankheit) ist auf das Trinken von hoch gechlortem Wasser zurückzuführen. Sollte Ihr Trinkwasser stark gechlort sein, lassen Sie es einige Zeit stehen, bevor Sie es dem Hund anbieten.

Achten Sie drauf!
Rüden werden manchmal kastriert. Bei dieser Operation werden die Hoden entfernt. Hündinnen werden bisweilen ebenfalls kastriert (nicht wie irrtümlich oft angenommen sterilisiert). Nach dieser Operation dauert es normalerweise zwei Wochen, bis sich eine Hündin wieder erholt hat.

allerdings nicht wie die Menschen durch Niesen oder indem die Nase läuft. Hunde reagieren auf Blütenpollen in gleicher Weise wie auf Insektenstiche. Sie fangen an, sich zu kratzen und zu beißen. Border Collies sind meist resistent gegen Pollenallergien. Wie auch beim Menschen kann der Hautarzt beim Hund einen Allergietest durchführen. Es gibt sehr erfolgreiche Sensibilisierungsprogramme, die oftmals zum Stillstand der Krankheit führen.

Futtermittelallergien

Hunde reagieren auf viele Futtersorten allergisch, obwohl diese als „Bestseller" in den Regalen der Futtermittelhändler angeboten werden und nach strengen medizinischen Maßstäben hergestellt wurden. Durch einen Futterwechsel wird meist das Problem nicht gelöst, da in der neuen Sorte oft dieselben Inhaltsstoffe, auf die der Hund allergisch reagiert, enthalten sind. Eine Futtermittelallergie zu ergründen ist sehr schwierig. Dies basiert auf einem Ausschlußverfahren, bei dem gleichzeitig auf ausreichend und ausgewogene Ernährung geachtet werden muß. Während der Mensch bei einer Lebensmittelallergie Ausschlag bekommt, zeigt sich die Futtermittelallergie bei Hunden wieder durch Juckreiz. Der Hund kratzt und beißt sich. Dies macht die Diagnose extrem schwierig. Pollen- und Insektenallergien sind in der Regel saisonal bedingt, während Futtermittelallergien das ganze Jahr auftreten können.

Hunde ziehen Flöhe und Zecken förmlich an, weil sie sich viel im Gras aufhalten. Diese Parasiten verstecken sich darin und warten auf den vorbeistreichenden Hund oder Menschen.

Behandlung von Futtermittelallergien

Die Behandlung von Futtermittelallergien ist möglich. Wie schon erwähnt, beruht sie auf einem Ausschlußverfahren. Sie sollten Ihren Hund ein Futter geben, mit dem er noch nie in Kontakt gekommen ist. Beginnen Sie mit einem Futter, dessen Inhaltsstoffe nicht in Ihrem derzeitigen Futtermittel enthalten sind. Die Fütterung von gekochtem Rind-

Wußten Sie schon?

Es gibt einen Mythos, der besagt, daß Hunde zusätzliches Fett in der Nahrung benötigen. Dies ist nicht ganz richtig und kann durchaus schädlich sein. Sollte Ihr Tierarzt zusätzliches Fett empfehlen, geben Sie dem Hund Pflanzenöl mit ungesättigten Fettsäuren.

fleisch oder Fisch sind nicht sehr ungewöhnlich, deshalb versuchen Sie es mit einem anderen Futter. Hier bietet sich Lamm, Kaninchenfleisch, Geflügel oder einfach Gemüse an. Füttern Sie dem Hund diese Diät etwa einen Monat lang. Wenn sich sein Zustand verbessert hat, bestehen gute Chancen, daß Sie den Allergieauslöser gefunden haben. Andernfalls müssen Sie fortfahren die Diät zu variieren. Es muß Stück für Stück ein Komplettfutter zusammengestellt werden, welches auch den Ernährungsansprüchen des Hundes auf Dauer genügt. Immer, wenn Sie einen neuen Inhaltsstoff hinzufügen, sollten Sie diese Kombination erst einen Monat lang füttern und die Reaktion abwarten, bevor Sie neue Inhaltsstoffe beigeben.

Manchmal hilft es auch, den Hund sorgfältig beim Füttern zu beobachten. Achten Sie darauf, welche Mahlzeiten der Hund bekommt. Hier sind ganz besonders die Leckerlis mit einzubeziehen. Auch diese können Inhaltsstoffe aufweisen, auf die der Hund allergisch reagiert.

Sie sollten schon wissen, welche Nahrung Ihr Hund eigentlich zu sich nimmt. Informieren Sie sich über die Zusammenstellung und Inhaltsstoffe des Futters, bevor Sie es Ihrem Border Collie geben.

Wieviel Protein benötigt Ihr Hund?

Der Bedarf Ihres Hundes ist unterschiedlich. Große Aktivität, klimatische Veränderungen und andere für den Körper des Hundes wichtige Faktoren sind häufige Gründe, eventuell den Proteingehalt des Futters zu erhöhen oder zu senken.

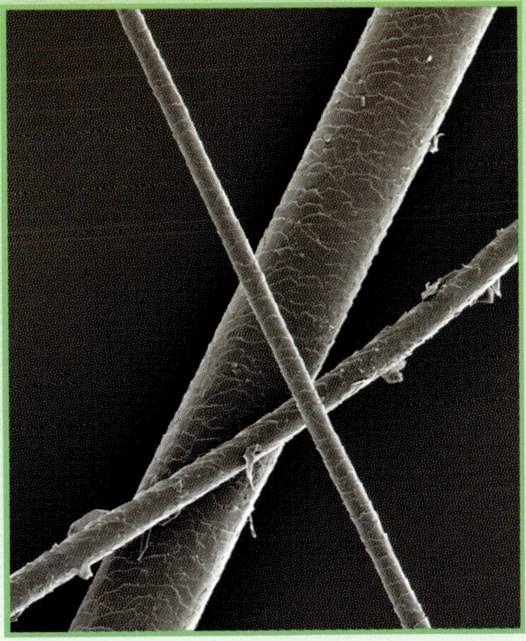

Die oben gezeigten Fotos zeigen normale Hundehaare in einer 60-150fachen Vergrößerung.
Die unten abgebildeten Fotos zeigen in Mitleidenschaft gezogene Hundehaare, die abgebrochen (rechts) oder ausgefranst sind (links).

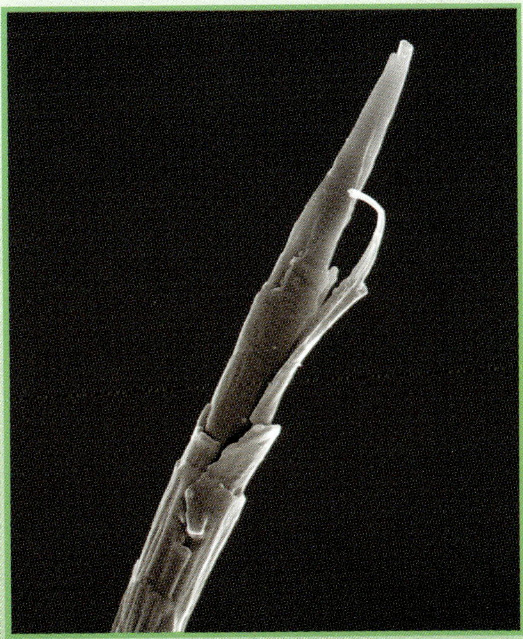

(4) Foto: Dr. Dennis Kunkel, University of Hawaii

Scanneraufnahme eines Elektronenmikroskops (S.E.M.) von einem Hundefloh, *Ctenocephalides canis.*

Foto: Dr Dennis Kunkel, University of Hawaii

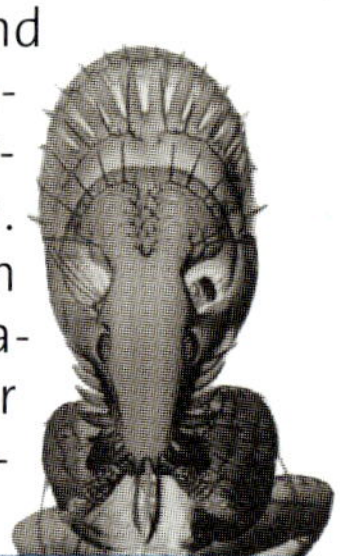

Seite gegenüber: Eine Scanneraufnahme eines Elektronenmikroskops von einem Hunde- oder Katzenfloh, *Ctenocephalides*, mehr als 100fach vergrößert. Für diesen Effekt farblich gestaltet.

Ektoparasiten

Kein Hundeproblem ist so bekannt und hartnäckig wie Flöhe. Flöhe, Zecken und Milben sind relativ leicht zu behandeln, jedoch ist ihre Vorsorge oft nicht einfach. Parasiten, die sich im Körper angesiedelt haben, sind schwieriger unter Kontrolle zu bekommen, jedoch ist hier die Vorsorge einfacher.

Flöhe

Es ist leicht möglich, einen Flohbefall zu kontrollieren. Flöhe sind hauptsächlich ein Sommerproblem. Eine intensive Behandlung des Umfeldes ist erforderlich. Leider gibt es keine Anti-Flohmittel, um die gesamte Umgebung, in die der Floh lebt, abzudecken.

Lebenszyklus des Flohs

Flöhe durchleben vier Lebensstadien: Eier, Larve, Puppe und ausgewachsener Floh. Floheier, Larven oder Puppen sind bereits mit einer Lupe zu identifizieren. Flöhe verbringen ihr gesamtes Leben auf dem Hund. Wenn sie durch bürsten, baden, kratzen oder beißen herunterfallen, ergreifen sie meist die nächstbeste Gelegenheit, den Hund oder auch den Menschen zu befallen. Weil Hundeflöhe Menschen beißen, ist es wichtig, sowohl den Hund als auch seine Umgebung zu kontrollieren. Halten Sie die Aufenthaltsplätze ständig sauber und rei-

Wußten Sie schon?

Flöhe gibt es schon über Millionen von Jahren und sie haben sich ihrem Wirt angepaßt. Sie durchlaufen ihren Lebenszyklus in weniger als einen Monat und haben eine Lebenserwartung von etwa zwei Jahren, indem sie die verschiedenen Stadien durchlaufen. Bis zu einem Alter von 20 Monaten benötigen die Larven oder Puppen noch kein Blut.

Es wurden Messungen angestrengt, in denen man 300.000 Sprünge gezählt hat mit 150facher Körperlänge in jede Richtung, einschließlich nach oben. Das sind nur einige Gründe, warum sie sich so erfolgreich auf ihrem Wirt halten können und immer einen neuen finden können.

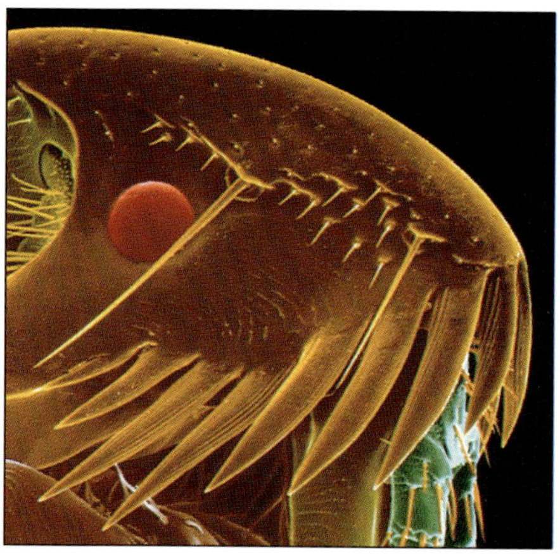

Vergrößerter Kopf eines Hundeflohs *Ctenocephalis canis.*

Foto: Dr Dennis Kunkel, University of Hawaii

Foto: Dr Dennis Kunkel, University of Hawaii

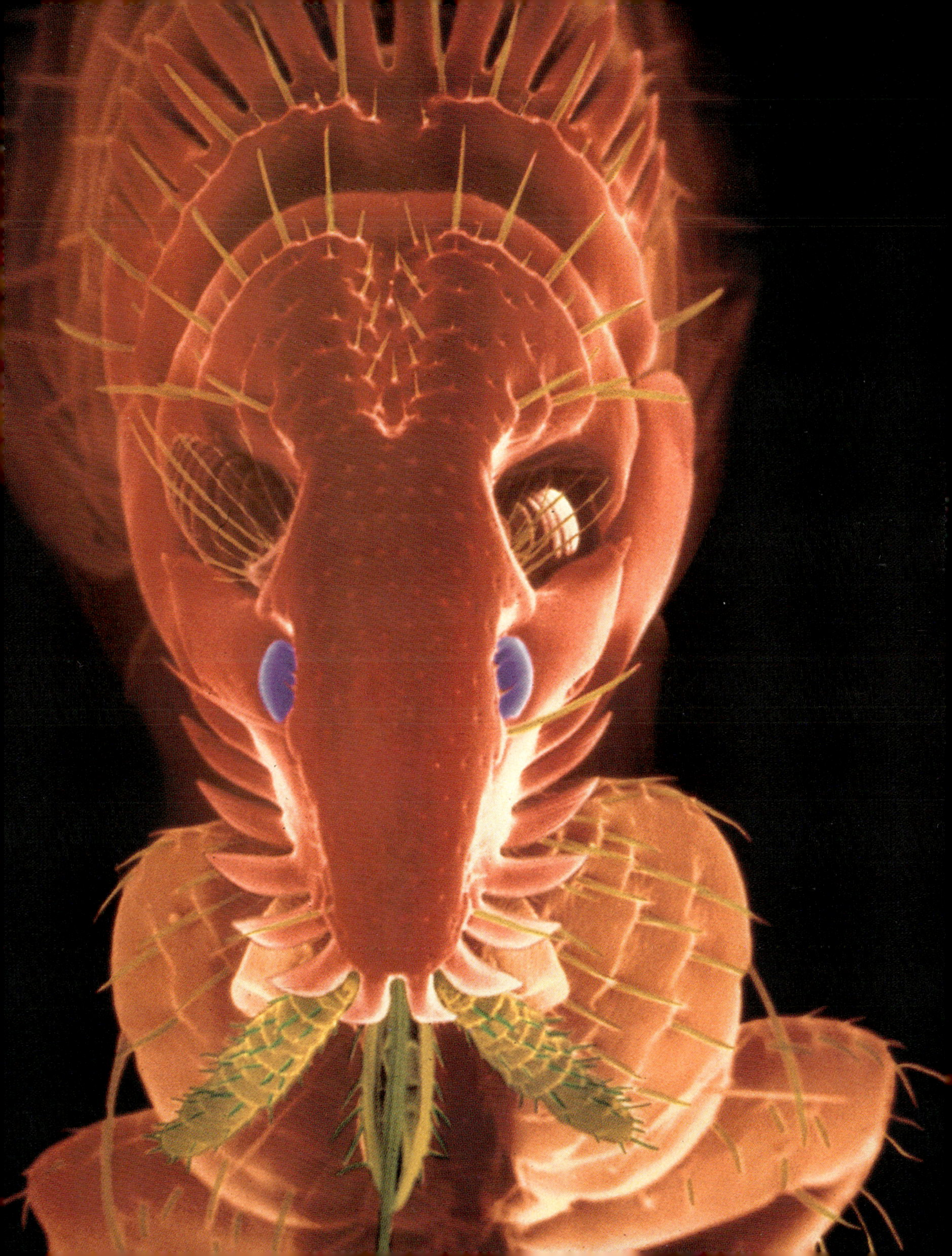

Der Lebenszyklus eines Flohs

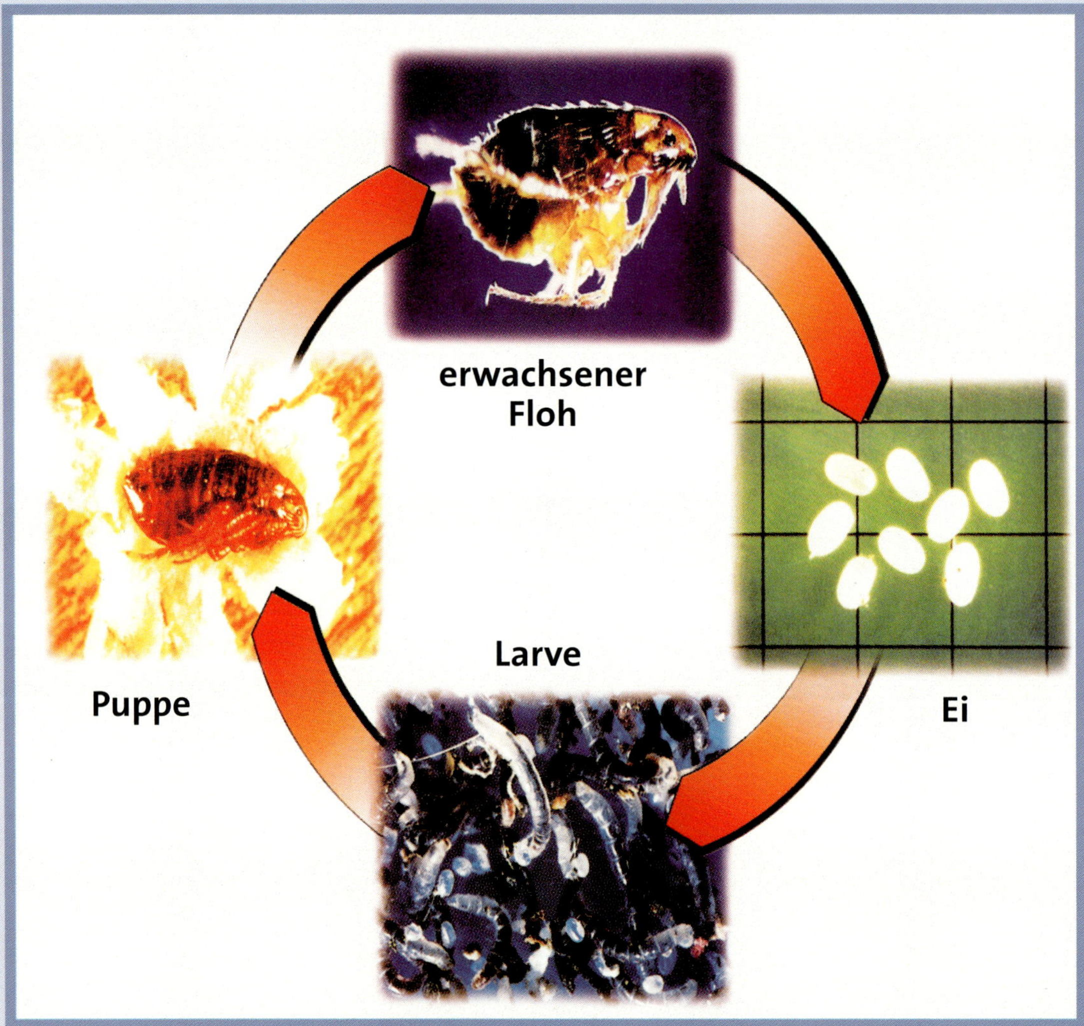

Der Lebenszyklus eines Flohs, dargestellt von der Firma „Fleabuster against fleas".

nigen Sie regelmäßig das Schlaflager. Einige Arten befallen Hunde und Katzen gleichermaßen. Den Hundefloh nennt man *Ctenocephalides canis*. Den Katzenfloh *Ctenocephalides felis* findet man immer häufiger an Hunden. Flöhe legen ihre Eier in das Hundefell, trocknen und fallen einfach herunter, um einen Vorrat für zukünftigen Flohbefall zu bilden.

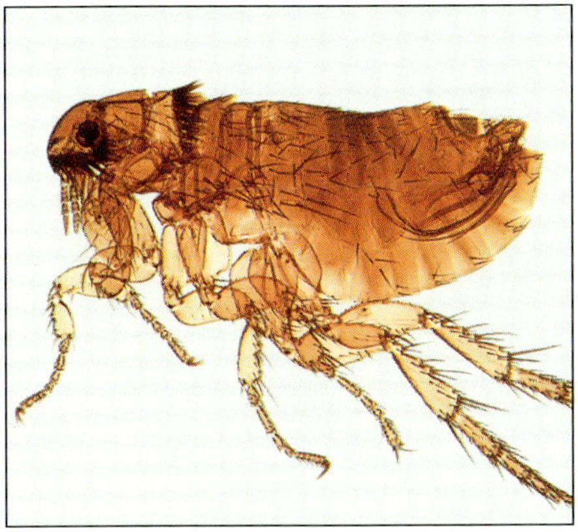

Foto: Jean Claude Revy/Phototake.

Männlicher Hundefloh, *Ctenocephalis canis.*

Achten Sie drauf!

Es gibt viele chemische und natürliche Mittel, die man im Haus und im Garten einsetzen kann, um Flöhe und vielleicht auch andere Parasiten abzutöten. Das beste Mittel gegen Flöhe wäre, keine zu bekommen. Sollte Ihr Hund dennoch einmal Flöhe haben, waschen Sie ihn zuerst gründlich (Flöhe mögen kein Wasser), und stellen Sie ungefähr fest, wie stark der Flohbefall wirklich ist. Vergessen Sie auch nicht die Reinigung des Hundeschlaf- und Lagerplatzes. Der Tierarzt wird Ihnen bei der Auswahl des richtigen Gegenmittels helfen. Lassen Sie auch Flohlarven und Floheier nicht außer acht, diese sind langlebiger und müssen nachhaltig beseitigt werden.

Das Haus „entflohen"

Sauberkeit ist das Zauberwort! Wenn in Ihrem Haushalt eine Katze mit dem Hund zusammenlebt, ist das Problem etwas komplizierter, da die Flöhe am Hund oftmals eben Katzenflöhe sind. Da sich aber Katzen in einem viel größerem, vom Hund nicht erreichbaren Umfeld aufhalten (z. B. Fensterbank, Tisch etc.), muß eben auch das gesamte Umfeld saubergehalten werden. Ihr Fußboden muß mehrmals täglich gewischt werden. Futterreste auf dem Fußboden sind auch Futterreste für Flohlarven. Ihr Teppichboden und Ihre

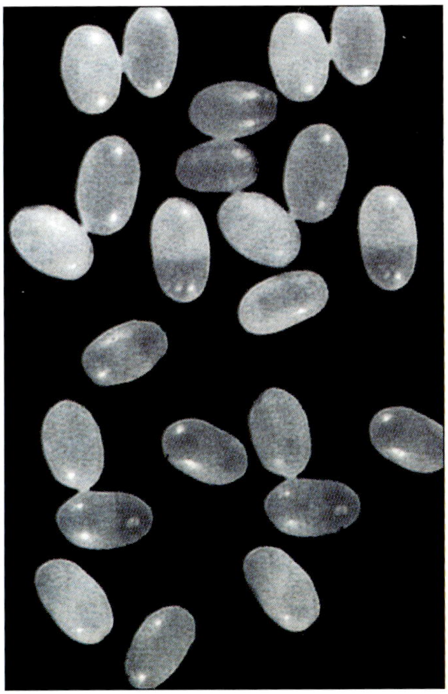

Eier des Hundeflohs.

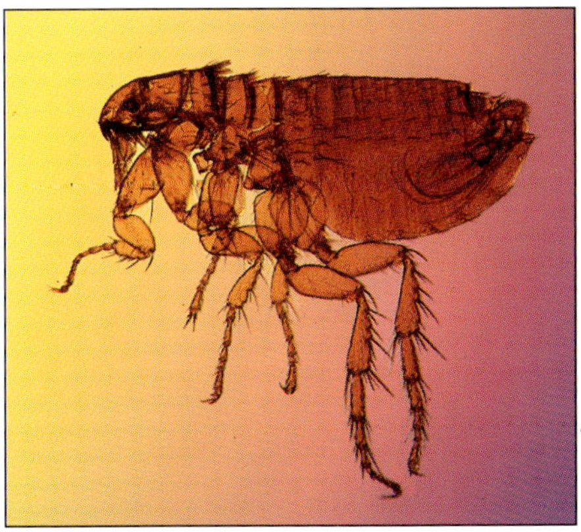

Foto: Jean Claude Revy/Phototake

Männliche Katzenflöhe, *Ctenocephalides felis,* werden auch bei Hunden entdeckt.

Foto: Dwight R. Kuhn

Dieses stark vergrößerte Foto von Dwight R. Kuhn zeigt einen springenden Floh auf einem Hunderücken.

Möbelgarnitur muß mehr als üblich gesaugt werden. Ein Staubsauger erwischt letztlich nur 20% der Larven und 50% der Floheier. In den Staubsaugerbeutel sollten Sie Flohpuder geben. Die anschließende Vernichtung des vollen Beutels ist unerläßlich. Die sich im freien befindlichen Hundeanlagen sollten mit einem Insektizid eingesprüht werden. Es hört sich nach viel Arbeit an! Aber es ist eine notwendige Arbeit, die Sie im Normalfall noch selbst erledigen können. Es hat auch schon Flohbefall gegeben, bei dem nur ein Kammerjäger erfolgreich war.

Es stehen jede Menge Mittel zur Verfügung, um den erwachsenen Floh am Körper des Hundes zu bekämpfen. Fragen Sie Ihren Tierarzt und erarbeiten Sie ein Fohbekämpfungs- und Entwurmungsprogramm. Es gibt erfolgreiche Medikamente

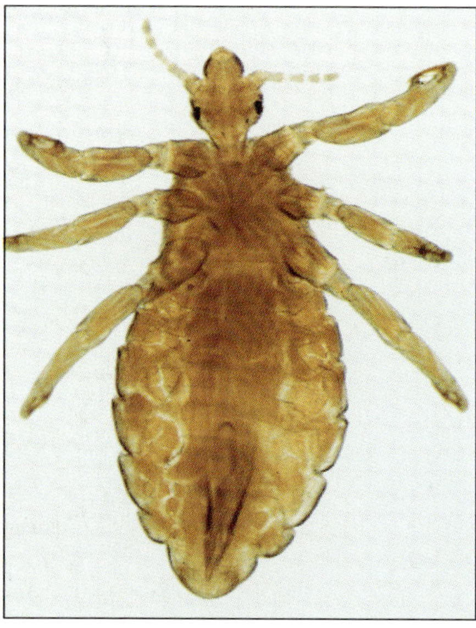

Foto: Dwight R. Kuhn

Menschenläuse ähneln Hundeläuse, da sie nahe Verwandte sind.

Vorsicht!

Ivermectin wirkt schnell. Es ist ein Medikament von vielen in der Auswahlmöglichkeit für die Behandlung vieler parasitären Hautkrankheiten bei Hunden. Hütehunde wie Border Collie, Old English Shepherd oder Deutscher Schäferhund reagieren aus einem nicht bekannten Grund äußerst empflindlich auf Ivermectin. Ivermectin-Injektionen haben schon einige Hunde getötet, aber schwer mit Hautstörungen infizierte Hunde können dennoch behandelt werden. Die Ivermectin-Reaktion ist eine Toxicosis, die Zittern und Bewegungsverlust verursacht. Erweiterung der Pupille, (Bewußtlosigkeit) oder sogar der Tod sind weitere Folgen. Die Toxicosis beginnt 4-6 Stunden nach Aufnahme (keine Injektion), aber es kann auch bis zu 12 Stunden dauern. Je länger es braucht, um zu wirken, desto sanfter ist die Reaktion. Ivermectin sollte nur von einem Tierarzt verordnet und verabreicht werden.

Anmerkung: Behandlungen mit Ivomec, unter diesem Namen wird dieses Mittel auch gehandelt, sind in Deutschland für Hunde nicht zugelassen.

Wie behandle ich Flöhe?

Verwenden Sie bei Ihrem Hund nie Pulver, Sprays oder andere Prophylaxemittel gegen Flöhe, ohne Ihren Tierarzt um Rat zu fragen. Einige Produkte wirken toxisch, wenn sie kombiniert werden und können ernste Folgen nach sich ziehen.

Zecken und Milbenbefall

Die Parasiten Zecken und Milben findet man im unterschiedlichen Maße überall dort, wo sie eine wärmere Umgebung vorfinden. Sie beißen nicht wie Flöhe, dennoch haben Sie scharfe Mundwerkzeuge, mit denen Sie sich in der Haut des Hundes festhalten, um dessen Blut zu saugen. Dies ist ihre einzige Nahrung. Diverse Erkrankungen werden durch Zecken übertragen. Einige davon können für Haustiere tödlich verlaufen, andere sind auch für den Menschen gefährlich. Man benutzt für die Zeckenbekämpfung die gleichen Mittel wie gegen Flöhe. Die Lebenserwartung einer Zecke liegt zwischen einer Woche und sechs Monaten, abhängig von den jeweiligen Umgebungsbedingungen. Zecken können weder hüpfen noch fliegen, aber sie können langsam krabbeln und dadurch den schlafenden Hund erreichen. Oder sie befinden sich im halbhohen Gras und befallen den vorbeistreichenden Hund.

Milben

Unterschiedliche durch Milben hervorgerufene Hautprobleme, bezeichnet man oft als Räude. Am häufigsten begegnen wir Ohrmilben, Sarkoptes-Miben oder Cheyletiella-Milben. Demodikose wird mit einem Befall durch Demodex-Milben assoziiert. Sie gilt allerdings als nicht übertragbar.
Der häufigste Erreger der Räude bei Hunden ist die extrem schnell übertragbare Ohrmilbe. Schon beim Kauf des Welpen sollte darauf geachtet werden, daß alle Hunde des Züchters frei von dieser Milbenplage sind. Als Über-

Wußten Sie schon?

Es gibt verschiedene Mittel zur Flohbekämpfung. Um diese sinnvoll einzusetzen, muß man den Lebenszyklus des Flohs beachten. Flohmittel sollen den Entwicklungskreislauf des Flohs unterbrechen, damit seine Verbreitung eindämmen und letztlich den Floh vollständig bekämpfen. Da der Floh seine Eier aber auch in der Umgebung des Hundes ablegt, muß man diese mit in die Bekämpfungsmaßnahmen einbeziehen. Die Flohpopulation kann sich explosionsartig ausbreiten. Deshalb sollte hier nicht mit irgendwelchen Mitteln herumexperimentiert werden. Lassen Sie sich von Ihrem Tierarzt beraten. Von ihm bekommen Sie sehr wirkungsvolle Mittel, auch ungiftige und für Kinder ungefährliche, die trotzdem einfach in ihrer Handhabung sind. Der Tierarzt wird das Mittel immer altersgerecht auf den Hund abstimmen. So bekommen Sie das Flohproblem in Griff.

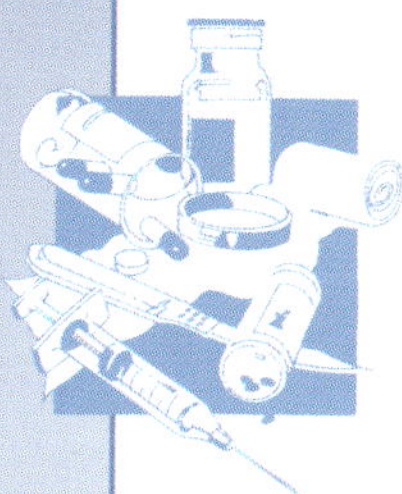

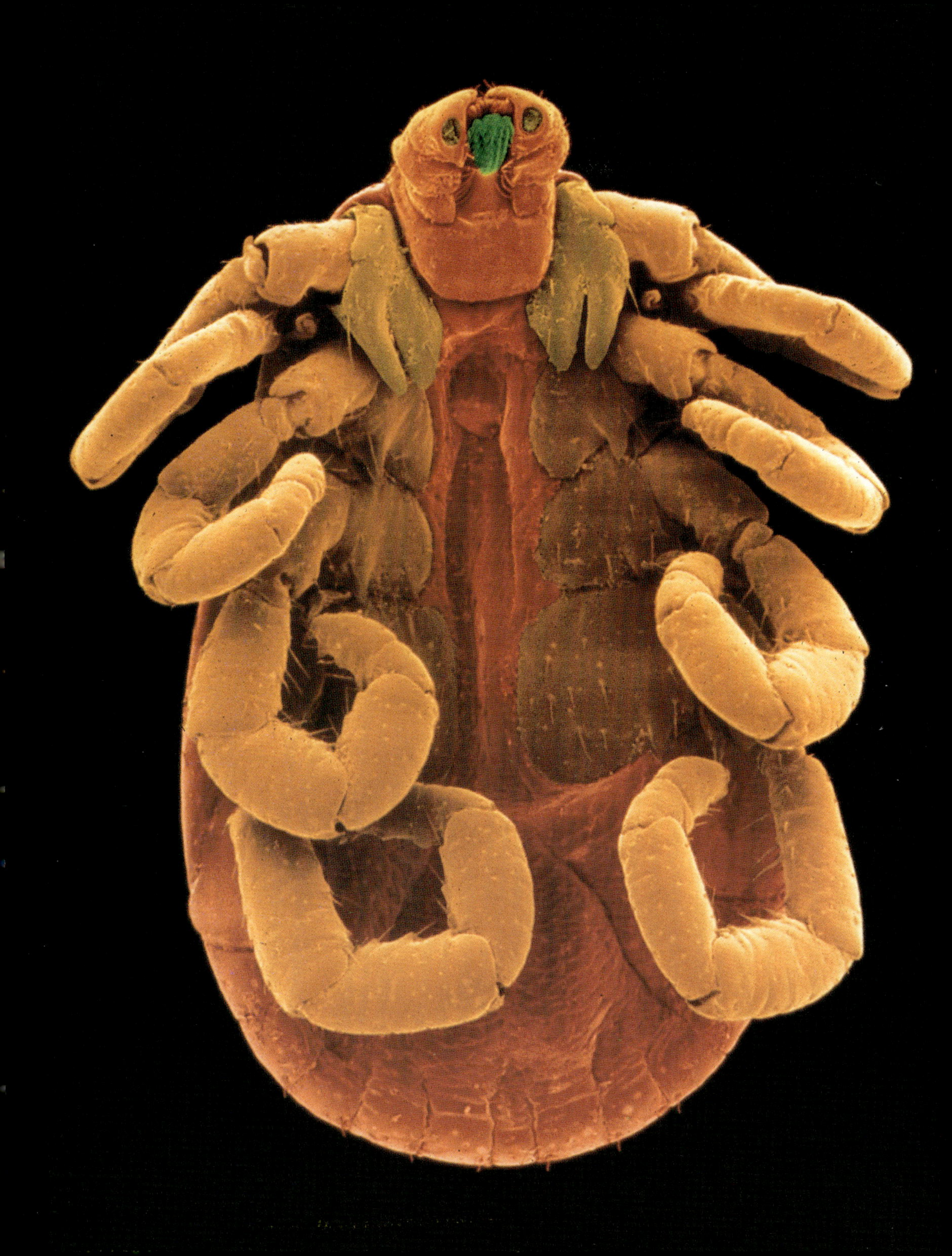

träger kommen jedoch auch andere Haustiere in Frage, mit denen der Hund Kontakt hat. Obwohl es sich bei Ohrmilben um einen Schmarotzer handelt, der kaum eine ernsthafte Gefahr darstellt, sollte der Tierarzt dennoch ein geeignetes Gegenmittel verschreiben. Der ständig starke Juckreiz irritiert den Hund und führt zu übermäßigem Kratzen. Dies wiederum führt zu Verletzungen der Haut, die in Infektionen ausarten können. Eine Behandlung des gesamten Körpers ist in den meisten Fällen erfolgreich. Milbenarten können entweder mit dem bloßen Auge, einer Lupe oder durch Hautgeschabsel vom Tierarzt identifiziert und effektiv bekämpft werden.

Endoparasiten

Sehr viele Lebewesen - Fische, Vögel und Säugetiere, einschließlich Hund und Mensch - haben Würmer und andere im Körper lebende Parasiten. Der Fischpathologe, Dr. Herbert R. Axelrod, spricht von zwei Typen von Parasiten. Die freundlichen und die unfreundlichen. Die freundlichen leben mit ihrem Wirt in Symbiose, ohne ihm zu schaden, während die unfreundlichen ihren Wirt töten können. Fast alle Wurminfektionen sind leicht zu kontrollieren. Wird der Hund jedoch nicht entwurmt, kann es zu weiteren Erkrankungen führen.

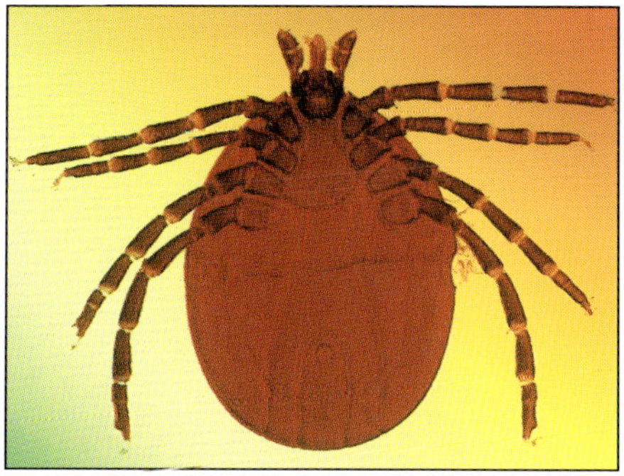

Foto: Jean Claude Revy/Phototake

Eine eher selten vorkommende Zecke der Gattung *Ixode,* 10fach vergrößert.

Rundwürmer

Die Hunde-Rundwürmer sind wissenschaftlich als *Toxocara canis* bekannt. Sie leben im Darmtrakt des Hundes und legen ständig Eier ab. Man schätzt, daß ein Hund jeden Tag etwa 100 Gramm Kot produziert. Jedes Gramm enthält durchschnittlich 10.000-12.000 Rundwurm-Eier. In allen Bereichen, in denen sich Hunde in der Natur aufhalten, finden sich auch Eier von Rundwürmern. Die größte Gefahr ist,

Gegenüberliegende Seite: Die Hundezecke *Dermacentor variablis* ist wahrscheinlich die häufigste Zecke beim Hund. Sehen Sie die acht starken Beine? Es ist kein Wunder, daß die Zecke so schlecht zu entfernen ist!

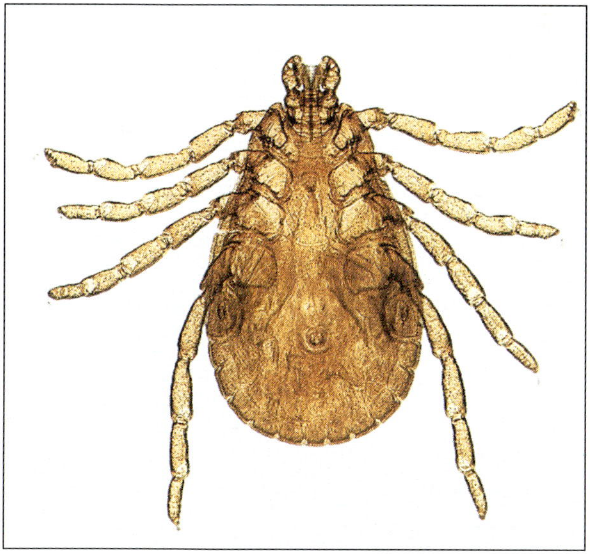

Foto: Carolina Biological Supply/Phototake.

Eine braune Hundezecke, *Rhipicephalus sanguineus,* ist eine seltene, jedoch jedes Jahr wiederkehrende Art, die auf Hunden gefunden wird.

Eine Hirschzecke - Träger der Lyme - Krankheit.

Foto: Dr Andrew Spielman/Phototake

Eine vergrößerte Aufnahme der Räudemilbe *Psoroptes bovis*.

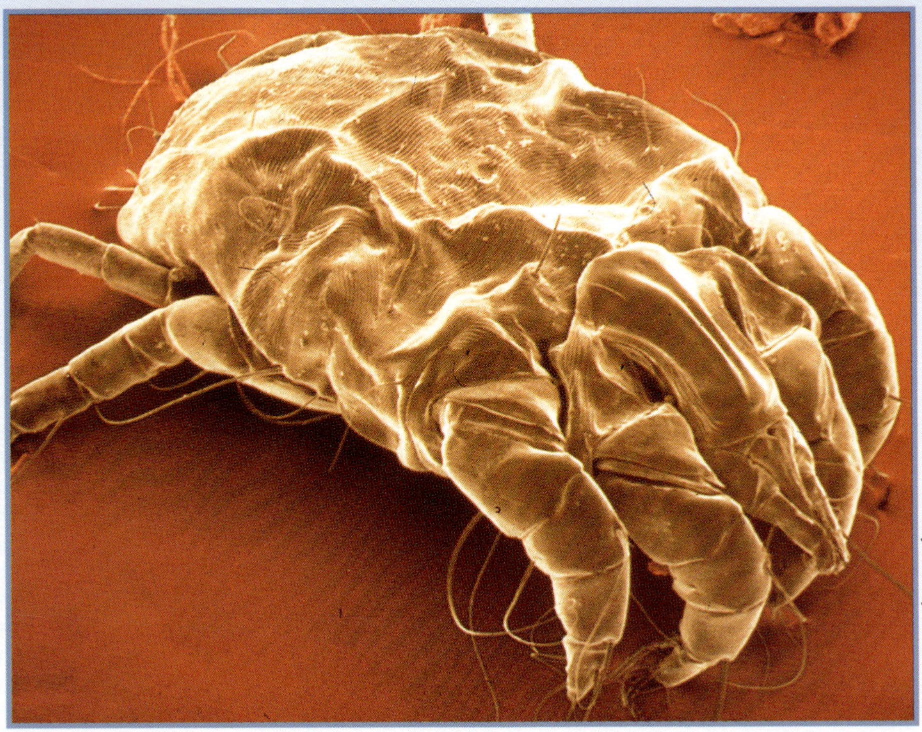

SEM by James Hayden-Yoav/Phototake

daß Rundwürmer auch auf Menschen übertragen werden! Es ist wichtig, den Hund regelmäßig auf Rundwürmer untersuchen zu lassen.

Hakenwürmer

Der Hakenwurm *Ancylostoma caninum* ist ebenfalls für Menschen und Katzen gefährlich. Er hat Zähne, mit denen er sich im Dünndarm des Hundes festbeißt. Hakenwürmer sind Blutsauger. Weil der Wurm seinen Standort etwa sechsmal am Tag ändert, verliert der Hund sehr viel Blut, was blutigen Durchfall, Abmagerung und Anämie verursachen kann und bei Nichtbehandlung zum Tod des Hundes führt. Die mit dem Kot ausgeschiedenen Eier entwickeln sich außerhalb ihres Wirts und gelangen als Larve über die Haut zurück in den Körper des Hundes. Im Darm angelangt, entwickeln sie sich zum erwachsenen Wurm. Hakenwürmer werden mit geeigneten Wurmpräparaten auf Anweisung des Tierarztes bekämpft. In Großbritannien werden selten Hunde infiziert und nur, wenn Sie Zugang zu Grasland haben.

Spulwurm

Der Spulwurm *Toxocara leonina* durchläuft während seiner Entwicklung eine Wanderung durch den ganzen Körper. Durch den Kot von Mäusen etc. werden Eier aufgenommen. Die Larve wird im

Achten Sie drauf!

Die Entwurmung Ihrer Welpen ist u. a. deshalb besonders wichtig, da einige Würmer auch auf den Menschen übertragbar sind wie z. B. Bandwürmer, Hakenwürmer oder Spulwürmer.
Da Welpen in einem Alter von zwei oder drei Wochen noch nicht stubenrein sind, besteht bei Wurmbefall leicht die Möglichkeit, die Würmer auf den Menschen zu übertragen.
Züchter führen Entwurmungsprogramme durch. Dieses sollte im Alter von zwei Wochen beginnen und 14tägig durchgeführt werden, bis der Welpe drei Monate alt ist. Ihr Züchter sollte mit Ihnen das Entwurmungsprogramm durchsprechen und Sie über Einzelheiten beraten. Auch Ihr Tierarzt kann Ihnen einen Entwurmungsplan ausarbeiten. Das übliche Mittel wird alle 15-20 Tage verabreicht, bis der Welpe wurmfrei ist.
Es ist nicht ratsam, den Welpen mit irgendwelchen Medikamenten zu behandeln. Fragen Sie stets Ihren Tierarzt nach geeigneten Wurmpräparaten.

Foto: Carolina Biological Supply/Phototake.

Der Rundwurm kann Hunde sowie auch Menschen befallen.

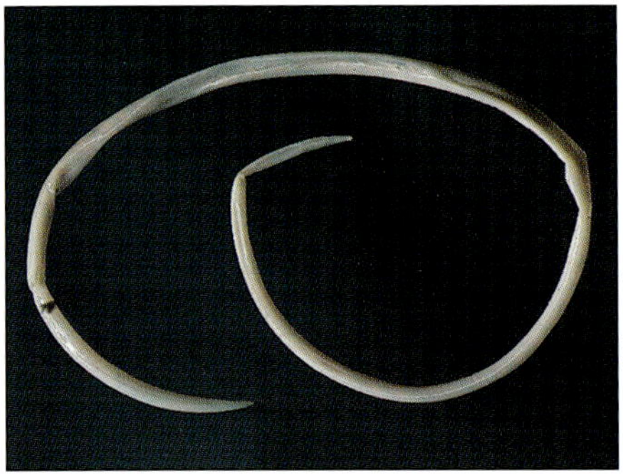

Der Rundwurm *Rhabditis*.

Foto: Carolina Biological Supply/Phototake

Männlicher und weiblicher Hakenwurm, *Ancylostoma canium*, diese kommen gewöhnlich nicht bei Haushunden oder Ausstellungshunden Großbritanniens vor. Hakenwürmer befallen Hunde, die dem Grasland ausgesetzt sind und häufig damit in Kontakt kommen.

Foto: Dwight R Kuhn

Darm frei und entwickelt sich in der Darmwand. Bei Welpen kann es zu Wachstumsstörungen und Lungenentzündungen mit Nasenausfluß führen. Bei starkem Wurmbefall zeigen sie einen aufgeblähten Bauch. Dies kann zu Darmverschluß mit Erbrechen führen. Gelegentlich kommt es zu Durchfall. Eine intensive Entwurmung ist in Absprache des Tierarztes unbedingt erforderlich. Eine regelmäßige Reinigung des Zwingers ist ebenso wichtig, wie das Fernhalten des Hundes von fremdem Kot. Nach der Grundentwurmung beim Züchter sollte eine regelmäßige Entwurmung durch den neuen Besitzer erfolgen.

Entwurmung schon vor der Geburt

Die Vorsorge für die Welpen beginnt bereits vor deren Geburt mit der Gesunderhaltung der Hündin. Wenn der Welpe zwei Wochen alt ist, beginnt sein eigenes medizinisches Vorsorgeprogramm. Wenn nun die Welpen rechtzeitig entwurmt werden, wird der Entwicklungskreislauf der Larven unterbrochen und auch die Welpen werden wurmfrei sein.

Diese Wurmarten sind alle bereits über die Muttermilch und über die Freisetzung der Eier vom Muttertier auf den Welpen übertragbar.

Bandwürmer

Es gibt viel Arten von Bandwürmer. Der Hundebesitzer kann die nudelartigen Bandwurmglieder mit bloßem Auge im Hundekot erkennen. Eine Infizierung von Hund-zu-Hund ist nicht möglich. Der Bandwurm *Dipylidium caninum* oder Gurkenbandwurm, wird durch Flöhe übertragen! Der Hund frißt den Floh und startet auf diese Weise den Bandwurmzyklus. Während eine Bandwurminfektion das Leben des Hundes nicht sonderlich beeinflußt, kann sie beim Menschen die Ursache einer sehr ernsten Lebererkrankung sein. *Echinococcus multilocularis* verursacht bei seinen Zwischenwirten

Wußten Sie schon?
Mittelgroße Hunde können täglich 1.360.000 Spulwurmeier produzieren. Als Beispiel: Wenn man die durchschnittliche Anzahl von Border Collies weltweit von 1 Million bedenkt, beträgt deren Anteil an Kot 1.300 Metertonnen (Kubikmeter). Dieser Kot ist mit 15.000.000.000 Spulwurmeiern befallen. Achten sie deshalb sehr sorgfältig, wo Ihr Hund seinen Kot absetzte, damit es nicht zu Verunreinigungen z.B. auf Kinderspielplätzen kommt. Normale Reinigungsmittel töten die Spulwürmer nicht ab. Deshalb sollten Sie eine regelmäßige Entwurmung nicht versäumen. Welpen setzen bereits im Alter von 3 Wochen Spulwurmeier in ihrem Kot ab, weil diese durch die Muttermilch der Hündin übertragen worden sind. Fragen Sie auch Ihren Züchter nach seinem Entwurmungsplan für Hunde.

Zysten in Leber, Lunge oder Gehirn. In diesen Zysten wachsen wiederum viele kleine Bandwürmer heran, mit denen sich der Hund infiziert und die sich dann in seinem Darm zu Würmern entwickeln. Eine Übertragung erfolgt durch Aufnahme zystenhaltiger Leber von Schafen, Schweinen, Rindern und Mäusen. Daher sollte eine ausschließlich Verfütterung von gekochtem Fleisch erfolgen, um eine Infektion zu verhindern.

Die äußerst widerstandsfähigen Eier sind auf den Menschen auch durch Eier die an Waldbeeren haften übertragbar.

Eine besondere Aufmerksamkeit gilt außerdem dem Fuchsbandwurm *Echinococcus multicolaris*. Er ist hauptsächlich im süddeutschen Raum in gebirgigen Arealen sowie in der Schweiz

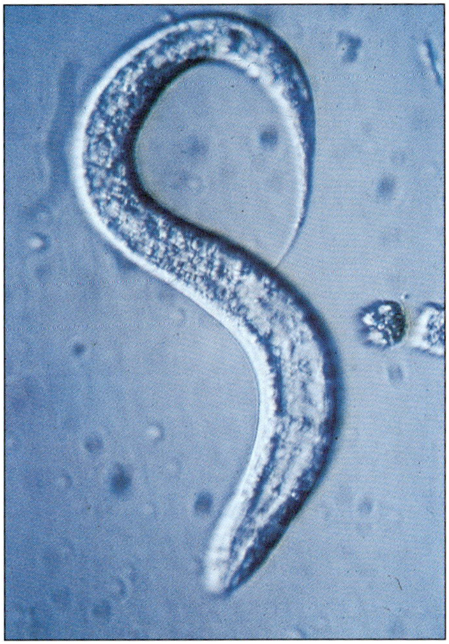

Foto: C James Webb/Phototake

Die infektiöse Stufe der Hakenwurmlarve.

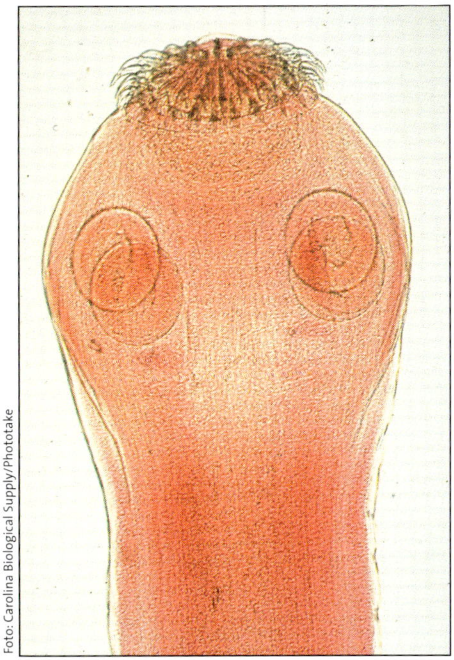

Foto: Carolina Biological Supply/Phototake

Kopf und Saugnäpfe (Rostellum) eines Bandwurms, der Hunde und Menschen befallen kann.

Achten Sie drauf!
Menschen, Ratten, Eichhörnchen, Füchse, Wölfe, Mischlinge und Rassehunde können alle von Bandwürmern befallen werden. Für den Menschen können Bandwürmer jedoch tödlich sein.
Bandwürmer sind anders als andere Wurmarten, zweigeschlechtlich. Wenn ein Hund sich an Ratten, Füchsen oder Mäusen infiziert, entwickelt sich der Wurm im Hundekörper und bereits einen Monat später produziert er Wurmeier. Diese Eier entwickeln sich sehr schnell und können einen Monat lang ohne einen Wirt leben. Spulwürmer, Hakenwürmer, Peitschenwürmer und Bandwürmer sind nur einige der Wurmarten von denen der Hund befallen werden kann.

und Österreich verbreitet. Die Infizierung erfolgt beim Hund durch die Aufnahme von Nagetieren. Rechtzeitig erkannt, kann der Fuchsbandwurm heute erfolgreich mit Medikamenten behandelt werden. Bei der Entwurmung des Hundes sollte äußerste Reinlichkeit vorausgesetzt werden, damit hier keine Ansteckung auf den Menschen erfolgt.

Herzwürmer

Herzwürmer sind dünn und bis zu 30 cm lang. Sie leben in den Herzkammern des Hundes. Haushunde können bis zu 200 dieser Würmer haben. Die Anzeichen sind Energieverlust, Appetitlosigkeit, Husten, ein aufgeblähter Bauch und Anämie. Die Larven *Microfilaria*, entwickeln sich im Körper der Stechmücke und werden durch ihren Biß an den Hund weitergegeben. Nach 2-3 Wochen sind die Larven im Mükkenkörper zu einem infektiösen Stadium herangereift. Ein Bluttest auf Herzwürmer, ergibt keine Aussage über den Umfang der Infektion des Hundes. Eine Herzwurmerkrankung ist sehr ernsthaft und gefährlich. Sie kommt allerdings in Europa äußerst selten vor.

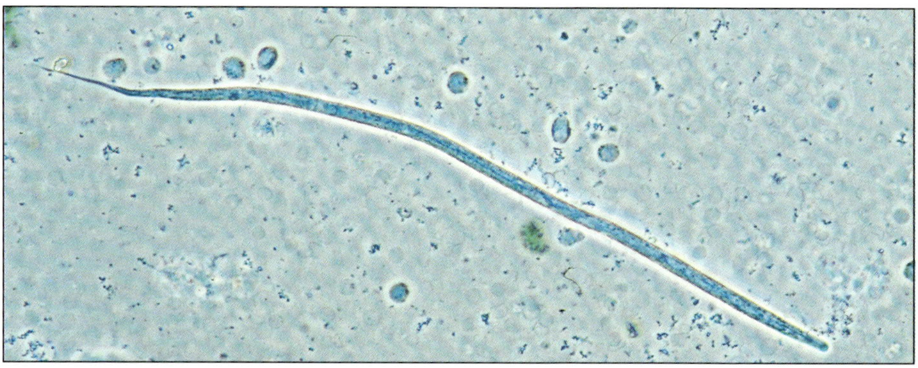

Der Herzwurm *Dirofilaria*.

Foto: James E Hayden, RPB/Phototake

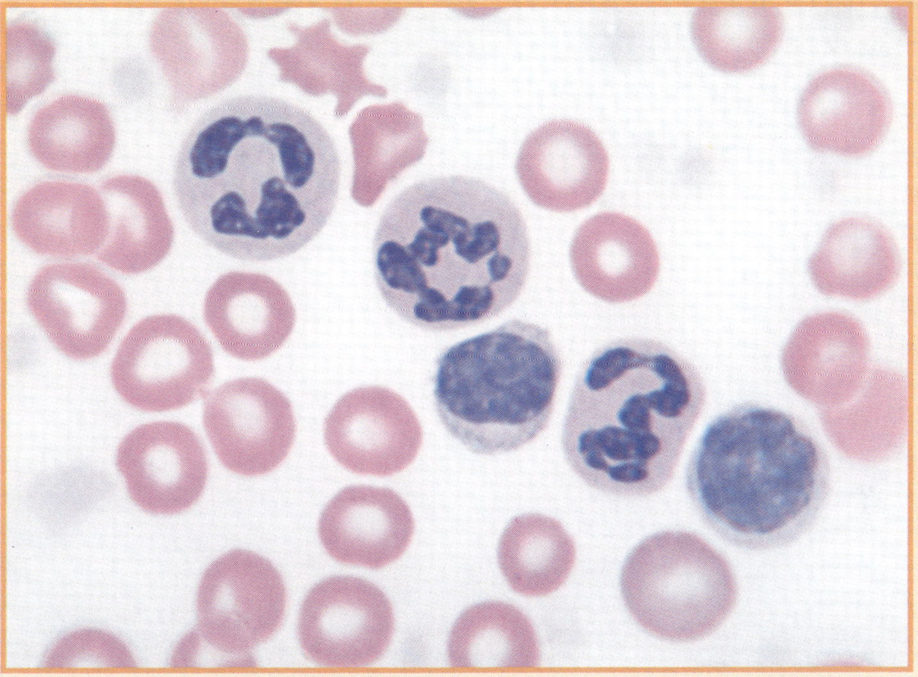

Foto: Carolina Biological Supply/Phototake

Vergrößerung der Herzwurmlarven *Dirafilaria immitis.*

Foto: James E Hayden, RPB/Phototake

Bei einer Herzoperation aufgenommenes Foto eines Befalls von Herzwürmern *Dirofilaria immitis.*

Erste Hilfe auf einen Blick

Verbrennungen
Kaltes Wasser oder Eis

Wespen- und Bienenstiche
Eis zum Abschwellen, Antihistamine

Bisse von anderen Tieren
Wunde säubern, Druckverband, weitere Behandlung durch den Tierarzt

Fischgräten
Werden am besten durch einen Tierarzt entfernt

Schlangenbisse
Mit Eis behandeln; sofort zum Tierarzt, Schlangenart feststellen

Gift
Zum Erbrechen bringen mit Hydrogen peroxyd; sofort zumTierarzt

Hautverletzungen
Wunde reinigen und desinfizieren

Autounfall
Hund auf einer Decke vom Unfallort wegbringen, sofort zum Tierarzt

Schock
Beruhigen, warm halten, sofort zum Tierarzt

Nasenbluten
Kalte Kompressen um die Nase

Blutungen
Druckverband

Hitzschlag
Hund mit kaltem Wasser langsam abkühlen und zum Tierarzt bringen

Erfrierungen
Den Hund langsam mit warmem Wasser, Heizdecke oder Wärmflasche aufwärmen

Schürfwunden
Die Wunde reinigen und mit einem antiseptischen Mittel behandeln

!! Denken Sie daran, daß ein verletzter oder kranker Hund dazu neigen kann, aus Angst oder Irritation zu beißen. Vermeiden Sie das durch einen Maulkorb. !!

Der Senior-Border Collie

Das Wort „alt“ ist sehr relativ zu betrachten. Wir können zwischen einem Welpen und einem erwachsenen Border Collie natürlich wesentliche Unterschiede feststellen, aber ab wann ist ein erwachsener Hund alt? Viele äußere Anzeichen deuten darauf hin, daß wir einen alten Hund vor uns haben. Beispielsweise der „tiefere“ Gesichtsausdruck und die Ergrauung der Gesichtshaare. Im wesentlichen können wir aber beobachten, daß die Aktivität des Border Collies in vielen Dingen eingeschränkt ist. Sein Spiel ist nicht mehr so ausdauernd, sein Laufen wird langsamer. Oft möchte er einfach nur seine Ruhe haben und sich zurückziehen.

Alte Hunde ähneln in vielen Punkten kleinen Welpen. Sie brauchen viel Schlaf und Erholung. Es ist außerdem ein Unterschied, ob ein Border Collie im Haushalt in einer Familie lebt oder ob er ein aktives Leben führt und dadurch lange jung und fit gehalten wird.

Die Border Collies werden ungefähr 14 Jahre alt. Es ist eine hohe beeindruckende Lebenserwartung für jeden Hund.

Es gibt Vergleiche, in denen das Verhältnis von Menschenleben zu Hundeleben aufgezeichnet wird. Hieraus ergibt sich, wenn Menschen 100 Jahre alt werden würden, dann würde der Hund 20 Jahre alt werden. Dies ist eine einfache Gleichung, die allerdings als unrealistisch anzusehen ist. Der Border Collie hat eine Lebenserwartung von etwa 14 Jahren, dies ist lang, im Gegensatz zu anderen reinrassigen Hunden, die vielleicht nur durchschnittlich 8 bis 9 Jahre alt werden. Hunde brauchen ungefähr drei Jahre um ausgewachsen zu sein. In dieser Phase durchlaufen sie die Zeit vom Saugwelpen, Welpen, Junghund bis zum erwachsenen Hund. Als älterer

Wann ist mein Hund alt?

Im Grunde gesehen ist ein Hund eigentlich nur alt, wenn Sie ihn als alt ansehen. Im normalen Lebenslauf eines Hundes werden die Aktivitäten mit fortschreitendem Alter langsam eingeschränkt. Ältere Hunde schlafen mehr und bewegen sich weniger. Andererseits schließen sie sich ihrem Besitzer sehr eng an und machen viele Dinge "vorausahnend" wie zur Tür laufen, wenn Sie sich Ihren Mantel anziehen.

Wenn Ihr Hund sich dagegen sträubt, die Stufen hinauf zu gehen, die er all die Jahre ohne Schwierigkeiten bewältigt hat, sollten Sie wissen, daß er nicht mehr der Hund ist, der er einmal war. Behandeln Sie besonders sorgsam.

Achten Sie drauf!

Ein älterer Hund zeigt nach und nach mehr oder weniger die nachfolgenden Symptome:

- Sein Haar im Gesicht und an den Pfoten wird langsam grau. Dies beginnt oftmals mit dem Bereich um die Augen herum.
- Der tägliche Spaziergang wird mehr und mehr ermüdend und manchmal sogar verweigert.
- Der Futterbedarf wird vermindert.
- Reaktionen auf Befehle, Rufe, Pfeifen etc. werden mehr und mehr ignoriert.
- Augenkontakt führt nicht mehr dazu, daß der Hund wie früher freudig mit dem Schwanz wedelt.

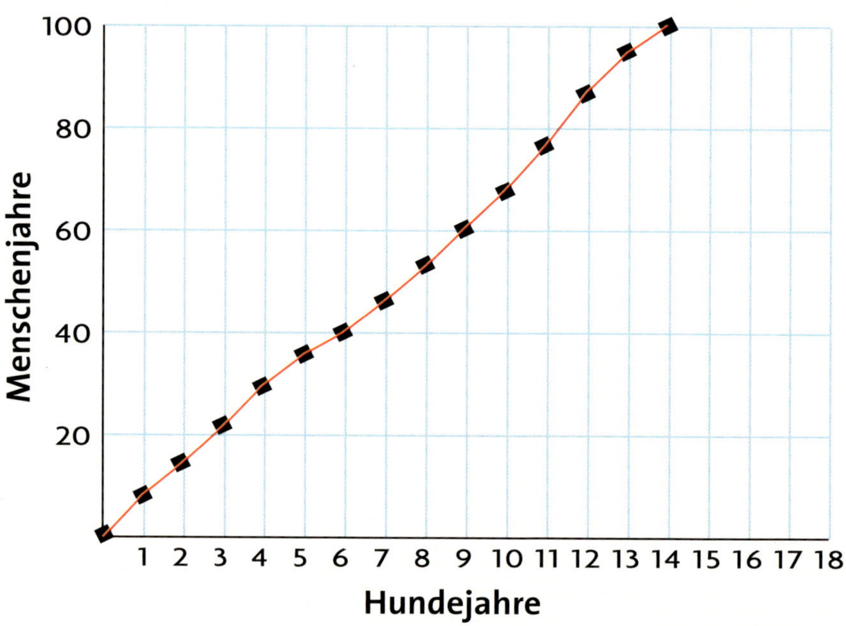

Hund wird ein Border Collie ungefähr ab dem Alter von zehn Jahren bezeichnet. Dies ist jedoch abhängig von seiner Kondition und Konstitution. Im Grunde sind die Mensch-Hund Altersvergleiche sehr unrealistisch und können nur als Anhaltspunkt dienen. Verschiedene Phasen des Hundes verlaufen viel schneller als andere und sind nicht mit denen des Menschen vergleichbar.

Worauf Sie beim älteren Hund achten müssen

Viele Tierärzte und Verhaltensforscher sehen die „Sieben-Jahre-Altersschwelle" als den Zeitpunkt an, an dem man den Hund als „Senior" bezeichnen kann. Die Bezeichnung „Senior" bedeutet nicht, daß der Hund sofort alt ist und geistig und körperlich spontan zusammenfällt. Älterwerden ist im Grunde genommen ein langsamer Prozeß. Menschen geben an, und geben es auch bereitwillig zu, daß ihre Aktivitäten unterschiedlich in den Alterstufen von 20 bis 30 Jahren und dann von 30 bis 40 Jahren sind, usw. Besitzer von Senior-Hunden sind in der Lage durch Mithilfe des Tierarztes bestimmte therapeutische und vorbeugende medizinische Maßnahmen durchzuführen. Ein Vorsorgeprogramm, das der Tierarzt jährlich ca. zweimal durchführen sollte, beinhaltet u.a. eine eingehende Untersuchung ebenso wie eine Ernährungsberatung. Der Veterinär diagnostiziert den Gesundheitszustand des Hundes durch einen kompletten Check-up, ähnlich wie der Humanmediziner ab einem gewissen Alter beim Menschen macht. Ein derart umfassendes Programm für den Senior-Hund ist sehr empfehlenswert und zwar bevor der Besitzer

Wußten Sie schon?

Die nachfolgend genannten Alterssymptome treten nach und nach auf und werden Ihnen mit der Zeit immer ein wenig mehr auffallen. Sie beeinträchtigen aber nicht das Leben des Hundes, solange er nicht unter irgendwelchen Krankheiten leidet. Wenn Ihr Hund Anzeichen von Schmerzen hat, sollten Sie ihn umgehend Ihrem Tierarzt vorstellen:

- Ihr Hund weint und winselt bei der Bewegung und hört auf zu laufen.
- Krämpfe beginnen oder werden ernster und häufiger. Der übliche Krampf beginnt, wenn der Hund steif wird, anfängt zu zittern und außerstande ist oder widerwillig zu sein scheint, sich zu bewegen. Die Dauer eines Krampfes dauert normalerweise 5 bis 30 Minuten.
- Mehr und mehr Toilettenunfälle treten auf. Urin und Stuhlgang finden ohne Vorwarnung im Hause statt.
- Der Hund erbricht sich immer häufiger.

Es ist schwierig zu merken, daß der Hund alt wird, da die Alterserscheinungen nur allmählich eintreten. Seniorhunde sollten zweimal jährlich vom Tierarzt untersucht werden.

die körperlichen Erscheinungen des Alterns bemerken, wie langsamere Bewegungen, grau werden, Schlafstörungen und Desinteresse am Spiel oder an anderen Aktivitäten sein können. Dieses Vorbeugungsprogramm verspricht ein längeres und gesünde-

Ihr Senior Border Collie benötigt Ihre Geduld und Ihre Sorge mehr denn je.

res Leben für den älter werdenden Hund. Unter den allgemeinen physischen Problemen des alternden Hundes sind die Verringerung der Sehkraft und des Hörvermögens, Arthritis, Nieren- und Leberfunktionsstörungen, Diabetes mellitus, Herzerkrankungen und Cushing Krankheit (Cushing-Syndrom, eine hormonelle Krankheit), die am häufigsten auftretenden Gesundheitsbeeinträchtigungen. Zusätzlich zu den angesprochenen körperlichen Beeinträchtigungen, gibt es einige Verhaltensänderungen und Probleme. Hunde, die an Hör-, oder Sehkraftverlust, Zahnbeschwerden oder Arthritis leiden, können aggressiv werden. Ebenso kann der fast taube oder fast blinde Hund sich leichter erschrecken und auf eine unerwartete Art und Weise reagieren. Senior-Hunde, die an Senilität leiden, können ungeduldiger und reizbarer werden. Probleme in der Stubenreinheit sind auf Einschränkung der Beweglichkeit, Nierenprobleme und der Schließmuskelkontrolle zurückzuführen. Es treten außerdem eine Anhäufung von Zahnstein, physiologische Gehirnveränderungen und ähnliche Probleme auf. Alte Hunde leiden ähnlich wie junge Welpen wenn sie allein gelassen werden. Es äußert sich in exzessivem Bellen und Heulen und Lösen innerhalb des Hauses, teilweise auch in Zerstörungswut. Sie fürchten sich vor dem täglichen Lärm, Staubsauger, Gewitter und Straßenverkehr. Manche Hunde leiden unter Schlafstörungen weil sie so häufig ihrem „Geschäft" nachgehen müssen. Es sollte vermieden werden, den Vierbeiner mit zu fetten Leckerlis zu verwöhnen. Fettleibigkeit ist ein häufig vorkommendes Problem bei älteren Hunden und verringert die Lebenserwartung stark. Pflegen Sie den älteren Hund so gut wie möglich, so daß übermäßiges Gewicht nicht zusätzlich die Organe des Körpers belastet. Einige Züchter empfehlen, die Nahrung mit Fasern zu ergänzen und die Kalorien herabzusetzen. Dem Futter der Senioren-Hunde frisches Gemüse und Rindfleischbrühe, mit wenig Kalorien und wenig Fett, hinzufügen, ist eine schmackhafte Ergänzung. Tierärzte bieten auch Spezialfutter für ältere Hunde an. Der Hund benötigt im Lebensabend mehr denn je die Geduld und Fürsorge seines Eigentümers. Strafen Sie ihn niemals für einen kleinen Unglücksfall im Haus oder für ein abnormales Verhalten. Für alle die Jahre der Liebe, Schutz und Gesellschaft, die Ihnen Ihr Hund gegeben hat, verdient er Ihre spezielle Aufmerksamkeit und Höflichkeit. Der ältere Hund muß sich vielleicht schon früh morgens um 3 Uhr erleichtern, weil er nicht mehr acht Stunden aushalten kann.

Daher kann er nicht mehr als zwei oder drei Stunden in seinem Käfig eingesperrt bleiben. Es könnte Zeit werden, Ihrem alten Freund ein Sofa oder einen Stuhl abzutreten. Obwohl er nicht über Ihre Aufmerksamkeit und Ihre Zuneigung so begeistert zu sein scheint, schätzt er die Annehmlichkeiten, die Sie anbieten, gerade weil er älter wird. Ihr Border Collie versteht nicht, warum sich seine Welt verlangsamt. Besitzer müssen diesen Wechsel so angenehm wie möglich gestalten.

Zeit Abschied zu nehmen

Wenn die Zeit des Abschieds gekommen ist, ist man nie ganz auf die richtige Entscheidung vorbereitet. Natürlich lieben Sie Ihren Hund. Er ist Ihnen über all die Jahre, die er mit Ihnen verbracht hat, zum wirklichen Freund und allgegenwärtigen Partner geworden. Einen geliebten Freund einschläfern zu lassen, wenn dessen Gesundheit es erforderlich macht, ist immer ein schwerer Schritt. Es erfrodert viel Stärke und Verständnis für die Situation, aus Sicht des Hundes. Hier kann der Rat des Tierarztes vielleicht die Entscheidung erleichtern. Wenn die Prognose für den Hund bedeutet, daß er sich für den Rest seines Lebens quälen muß oder Schmerzen hat, wenn Ihr geliebter Freund einfach nicht mehr am Leben teilhaben kann, dann sollten Sie ihn in Gnaden gehen lassen. Für manche Situationen gibt es keine Alternative, als den Hund zu euthanasieren. Ihr Tierarzt kann dies bei Ihnen zu Hause machen. Sie können Ihren Border Collie in Ihren Armen verabschieden, so daß er nicht am Ende die Kälte einer Tierarztpraxis spüren muß. Heutzutage ist die Medizin so weit fortgeschritten, daß es nur Sekunden dauert, ohne daß Ihr Border Collie es

Wenn Sie daran interessiert sein sollten, Ihren Hund zu begraben, gibt es Beerdigungsinstitute, die sich auf Haustiere spezialisiert haben und sämtlichc Formalitäten für Sie erledigen.

Abschied ist schwer

Wenn es nötig ist, Ihren Hund einschläfern lassen zu müssen, gibt Ihnen Ihr Tierarzt auch die Möglichkeit, dies bei Ihnen zu Hause in vertrauter Umgebung zu tun. So wird Ihr Hund bei diesem Abschied nicht noch zusätzlich dem Streß einer Tierarztpraxis ausgesetzt.

gespürt hat. Denken Sie immer daran, daß es hier in der Verantwortung des Menschen liegt, seinen Freund in Würde gehen zu lassen.

Was ist „Euthanasie"?

Das Wort Euthanasie kommt von der griechischen Bedeutung: „Der gute Tod". Mit anderen Worten bedeutet es: Das geplante, schmerzlose Töten eines Hundes, der an einer schmerzhaften, unheilbaren Krankheit oder aus Altersgründen leidet, so daß seine Ausscheidungsorgane nicht mehr funktionsfähig sind, er nicht mehr laufen, sehen, fressen oder seinen „Stuhl" nicht mehr kontrollieren kann.
Euthanasie wird normalerweise durch Injektion eines Narkosemittels oder eines Schmerzmittels ausgeführt. Abgesehen vom Einstich der Nadel ist das „Einschläfern" schmerzlos.

Wie fühlen Sie sich?

Die Tage, während denen der Hund krank wird und das absehbare Ende eintritt, können ungewöhnlich anstrengend für Sie sein. Wenn dies Ihre erste Erfahrung mit dem Tod eines geliebten Freundes ist, finden Sie vielleicht Trost in Ihren religiösen Überzeugungen. Wenn Sie eine Familie mit Kindern haben, sollten Sie diese an der Entscheidung, Ihren Border Collie einzuschläfern, teilnehmen lassen. In jedem Fall ist Euthanasie „lediglich" schmerzhaft und anstrengend für die Familie des Hundes. Aber gerade deshalb ist der Entscheidungsfindungsprozeß so schwer.
Normalerweise kann Ihr Hund für einige Tage in der Klinik durch Medikamente schmerzfrei gehalten werden, um Ihnen somit Zeit für eine Entscheidung zu geben. Während dieser Zeit kann man mit den Familienmitgliedern sprechen oder sogar mit Personen reden, die diese Erfahrung bereits erlebt haben. Dies kann die Last Ihrer unvermeidlichen Entscheidung ein wenig mildern ... aber was dann?

Wohin danach?

Heutzutage gibt es viele Institutionen, bei denen Sie Ihren Hund auf einem Hundefriedhof beerdigen lassen können. Obwohl dies manchmal aus behördlichen Gründen die einzige Möglichkeit ist, so ist es meist auch eine sehr teure Sache. Erkundigen Sie sich, ob Sie Ihr Tier in Ihrem eigenen Garten begraben dürfen. Ihr Tierarzt kann Ihnen bei diesen Fragen beratend zur Seite stehen.

Ein neuer Hund?

Der Verlust Ihres Border Collie ist gleichzeitig der Verlust eines engen Freundes. Der Schmerz ist nicht minder, als wenn Sie einen menschlichen Freund verloren haben. Sie können keinen Großvater ersetzen, aber Sie können sich einen neuen Border Collie ins Haus holen. In den meisten Fällen stirbt ein Hund im fortgeschrittenen Alter. Seine Aktivitäten haben langsam nachgelassen, und er ist zu einem ruhigen Begleiter geworden. Nun stellt sich Ihnen die Frage, ob Sie einen kleinen Welpen oder einen bereits erwachsenen Hund ins Haus holen möchten. Ein Border Collie Welpe bringt viel Leben zurück, aber alles fängt auch wieder von vorn an. Alle Schritte der Erziehung müssen neu erlernt werden, vom Hund als auch von Ihnen, denn vieles haben Sie sicher schon vergessen. Ein bereits erwachsener Hund hat den Vorteil, daß diese Anfangsschwierigkeiten entfallen. Allerdings

ist die Situation in Deutschland anders als in Amerika oder England. Selten bekommt man einen bereits erwachsenen Hund, der alle positiv erwünschten Eigenschaften aufzeigt. Wenn hier in Deutschland ein erwachsener Hund abgegeben wird, so ist er oft schon durch mehrere Hände gegangen oder kommt aus sogenannten

Achten Sie drauf!

Je häufiger Sie sich mit dem Thema befassen, daß Ihr Hund bald von Ihnen gehen wird, je besser werden Sie sich in der Situation zurechtfinden, wenn es dann soweit ist.

Diese letzte Ruhestätte für die Asche Ihres Hundes könnte vielleicht auch eine Alternative sein. Es gibt diese Möglichkeit oft nur in größeren Städten.

„Scheidungsverhältnissen". Sie werden vielleicht mit unerwarteten Schwierigkeiten konfrontiert. Sie wissen nie, was der arme Hund schon alles erlebt hat; und der Vorbesitzer wird Ihnen die schlechten Eigenschaften seines Border Collies kaum mitteilen, weil er ja den Hund gern abgeben will. Ältere Border Collies werden recht häufig abgegeben. Es gibt sogar Züchter, die nur ausgebildete Border Collies abgeben.

Schauen Sie in Ihre Tageszeitung oder rufen Sie bei einem Rassehundeclub an, ob dort ein Border Collie abzugeben ist oder aber bei welchem Züchter gerade Welpen erwartet werden. Wie immer Sie entscheiden, entscheiden Sie sich so schnell wie möglich. Wer einmal einen Border Collie besaß, wird sich in der Regel wieder für diese Rasse entscheiden, weil er von den Charaktereigenschaften dieses Hundes überzeugt ist. Vielleicht hat ein befreundeter Züchter gerade einen Wurf Welpen? Vielleicht haben Sie Glück, schon bald wieder einen kleinen Border Collie in Ihr Haus zu holen. Was könnte besser sein?

Es ist ein sehr persönlicher Entschluß, ein verstorbenes Haustier zu ersetzen. Wenn Kinder daran beteiligt sind, hilft es, wenn ein neuer Border-Collie Welpe diese Lücke wieder auffüllt.

CDS: COGNITIVE DYSFUNCTION SYNDROME

Erkennbarer Verfall der Fähigkeiten „Senilität“

Es gibt viele Arten, wie sich das „Alter-Hund-Syndrom“ äußert. Tierärzte haben CDS als das langsame Nachlassen der cognitiven Fähigkeiten definiert. Diese zeigen sich durch Verhaltensänderungen beim Hund. Wenn ein Hund sein Verhalten stark ändert und Krankheiten als Ursache dieser Verhaltensänderungen auszuschließen sind, dann ist CDS die wahrscheinlichste Diagnose.

Mehr als die Hälfte aller Hunde über acht Jahre leiden unter einer Form von CDS. Je älter der Hund wird, desto größer ist die Wahrscheinlichkeit, daß er CDS entwickelt. Beim Menschen bezeichnen die Ärzte häufig das CDS-Verhalten als einen Teil des allgemeinen Abbaus.

Es gibt vier Hauptanzeichen für CDS:

Häufiger auftretende Toiletten-Unfälle im Haus, schläft viel mehr oder viel weniger als gewöhnlich, verhält sich verstört und reagiert falsch auf soziale Stimulanzien.

SYMPTOME VON CDS

HÄUFIGE STUBENREINHEITS-UNFÄLLE

- uriniert im Haus
- kotet im Haus
- zeigt nicht, daß er nach draußen gehen will

SCHLAFMUSTER

- bewegt sich viel langsamer
- schläft mehr als normal während des Tages
- schläft weniger in der Nacht
- tappt herum ohne erkennbares Ziel

VERWIRRUNG

- geht nach draußen und steht dann nur dort
- sieht verwirrt aus mit einem entfernten Blick in den Augen
- versteckt sich öfter
- erkennt Freunde nicht
- kommt nicht, wenn er gerufen wird

FALSCHE ANTWORT AUF SOZIALE REIZE

- kommt weniger häufig zu Menschen, ob er gerufen wird oder nicht
- akzeptiert Streicheln nur für kurze Zeit
- kommt nicht zur Tür, wenn Sie von der Arbeit heimkehren

Ihr Border Collie auf Ausstellungen

Als Sie Ihren Border Collie gekauft haben, werden Sie dem Züchter klar gemacht haben, ob Sie einen lieben Begleiter und Familienhund wollten oder ob Sie hofften, einen Hund mit Ausstellungsqualitäten zu erwerben. Kein angesehener Züchter wird Ihnen einen jungen Welpen verkaufen und behaupten daß dieser ein Ausstellungschampion werden wird. Während der frühen Wochen und Monate der Entwicklung eines Welpen kann viel falsch gemacht werden. Wenn Sie Ihren Border Collie ausstellen möchten, sollten Sie dennoch auf Hinweise zu seinem „Ausstellungspotential" achten.

Der Ablauf von Zuchtschauen in Deutschland richtet sich nach der VDH-Zuchtschau-Ordnung. Zuchtschauen sind eine zuchtfördernde Einrichtung. Es sind öffentliche Veranstaltungen, die der Bewertung von Rassehunden dienen. Es gibt verschiedene Arten von Ausstellungen wie z. B. Internationale oder Allgemeine Zuchtschauen. Die Art der Zuchtschau bestimmt die Möglichkeit der Titelanwartschaft.

Das Erste, was ein junger Ausstellungshund lernen muß, ist mit anderen Hunden seiner Rasse gemeinsam in Konkurrenz im Ring zu stehen. Bei jeder Rasse wird der „Rassebeste Hund" (BOB) ermittelt. Dieser geht dann in Konkurrenz für den „Gruppenbesten" (BIG). Unter den Gruppenbesten wird wieder der Sieger ermittelt, der dann der „Ausstellungssieger" (BIS) wird.

Was man auch verstehen muß, ist, daß Ihr Hund nicht direkt gegen einen anderen antritt. Der Richter wird jeden Hund gemäß des Rasse-

Während für die meisten Border Collies die bevorzugte Konkurrenz im Schaftriebwettkampf, dem sogenannten Trial, liegt, gibt es viele gutaussehende Hunde, die sich auch im Ausstellungsring beweisen. Für diese beiden ist es ein glücklicher Tag. Stolz zeigen sie sich in Siegerpose.

Achten Sie drauf!

Die FCI unterteilt die Hunderassen in neun Gruppen. Der Border Collie gehört zu Gruppe „Hütehunde" und ist mit seinem Club für Britische Hütehunde dem VDH (Verband für das Deutsche Hundewesen e.V.) angeschlossen.

standards begutachten, hierüber einen Bericht verfassen und eine Benotung abgeben. Der Hund, der dem Rassestandard möglichst nahe kommt (es gibt ja keinen perfekten Hund), wird den Ring als Sieger verlassen.

Wenn Sie sich für eine Ausstellung interessieren, informieren Sie sich am besten bei Ihrem Rassehundeklub. Lassen Sie sich den Ablauf einer Ausstellung erklären, bevor Sie Ihren Hund anmelden.

Auf Ausstellungen gibt es verschiedene Klasseneinteilungen, die nach Rüden und Hündinnen getrennt sind. Das Richten beginnt stets mit den Rüden, sofern nicht ein zweiter Richter für die Hündinnen benannt wurde. In diesem Fall starten die Klassen parallel.

Anwartschaft auf den Championtitel

England stellt die schwersten Anforderungen für die Anwartschaft auf einen Championtitel. Im Vergleich dazu ist es in den USA und Kanada nicht besonders schwer, die erforderlichen drei „Green Tickets" zu erhalten. Um im Ausstellungsring erfolgreich zu sein, sind folgende Grundvoraussetzungen nötig: Ein guter Hund, gutes Handling, gutes Training und viel Glück! In Deutschland werden die Schönheitschampionate auf den Ausstellungen des VDH vergeben. Man benötigt vier Anwartschaften, um den Titel des „Deutschen Champion" zu erreichen.

Rassen- und Klasseneinteilung

Die Rassen werden nach FCI-Gruppen unterteilt. Eine Klasseneinteilung ergibt sich wie folgt:

Jüngstenklasse	6 - 9 Monate
Jugendklasse	9 - 18 Monate
Offene Klasse	ab 15 Monate
Gebrauchshundklasse	ab 15 Monate
Championklasse	ab 15 Monate

Ehrenklasse
Startberechtigung mit bestätigtem Champion-Titel

Formwertnoten und Beurteilungen

Bei allen Zuchtschauen können folgende Formwertnoten vergeben werden:

Vorzüglich	(V)
Sehr Gut	(SG)
Gut	(G)
Genügend	(Ggd)
Nicht genügend	(Nggd)

In der Jüngstenklasse:

vielversprechend	(vv)
versprechend	(vsp.)
wenig versprechend	(wv)

Plazierungen

Die vier besten Hunde einer Klasse werden plaziert.

Weiterhin gibt es den:

Zuchtgruppen-Wettbewerb
Nachzuchtgruppen-Wettbewerb
Paarklassen-Wettbewerb
Veteranen-Wettbewerb

Reihenfolge des Richtens

Wenn Sie als Aussteller, und dies gilt besonders für Ausstellungsneulinge, eine Ausstellung besuchen, so ist immer viel Aufregung im Spiel. Deshalb ist es gut, die Reihenfolge des Richtens zu wissen, die folgendermaßen abläuft:
Jüngsten-, Veteranen-, Ehren-, Jugend-, Champion-, Gebrauchshundklasse, Offene Klasse.

Während der Vorstellung im Ring wird oft mit kleinen Leckerlis die Aufmerksamkeit des Hundes hervorgerufen.

Richtet nur ein Richter, so beginnt er grundsätzlich mit den Rüden. Sie haben sich sicher ein kleines Picknickpaket mitgebracht, einen gemütlichen Klappstuhl und können sich bei einer Tasse Kaffee das Geschehen in aller Ruhe vom Rand des Ausstellungsringes ansehen. Beobachten Sie, was vom Aussteller erwartet wird. Ein Richter will den Hund in seiner Bewegung und im Stand sehen. Nachdem alle genannten Hunde einer Klasse im Kreis um den Ringrichter herumgeführt wurden, beginnt dieser mit den Einzelbewertungen. Sie führen Ihren Hund im ruhigen Trab in einem Dreieck vom Richter weg, quer zu ihm und wieder zu ihm zurück. Nun soll der Hund im Stand vorgeführt werden, wobei er seitlich vor dem Richter steht. Er soll sich ruhig und gelassen verhalten und sich in sein Maul schauen lassen. Das Gebiß wird überprüft. Bei Rüden wird auch das Vorhandensein der Hoden kontrolliert. Unsichere Hunde erschrecken sich manchmal dabei, wenn sie plötzlich vom Richter angefaßt werden. Diese Berührungen sollten Ihren Hund nicht verunsichern. Ist die Richterbeurteilung abgeschlossen, achten Sie auf die Anweisungen der Sonderleiter.

Wußten Sie schon?

Die Grundvoraussetzung für eine Ausstellung ist nicht nur, einen schönen Hund zu besitzen! Man sollte ihn auch dem Richter gut präsentieren können. Hierzu bieten Ihnen die Rassehundeklubs oftmals Kurse für Ringtraining an. Wie soll der Richter das Gangwerk eines zappelnden Hundes beurteilen. Ihr Hund sollte dem Richter in einer ruhigen Gangart vorgeführt werden, er sollte sich im Stand gut präsentieren und seine Zähne anschauen lassen. Zudem ist es ebenso wichtig, daß Sie dem Richter höflich gegenüber treten. Ein Richterurteil kann sehr subjektiv sein, denn die Geschmäkker sind verschieden. Der Richter wird sich in seiner Beurteilung jedoch immer an den Rassestandard halten. Begegnen Sie also seinem Urteil mit Fairness - in Ihren Augen haben Sie ohnehin den schönsten Hund!

Hat Ihr Hund die Note „Vorzüglich" erhalten, werden Sie nach Abschluß der Klassenbewertung wieder in den Ring gerufen. Nun beginnt die Ausscheidung zum klassebesten Hund. Sollte Ihr Hund auch hier als Sieger hervorgehen, folgt eine Reihe von Ausscheidungswettkämpfen, die auch Geduld und Wartezeit erfordern.

Die Ausstellungstermine werden stets in Hundefachzeitschriften veröffentlicht und können mit den Meldeformularen beim jeweiligen Klub oder direkt beim VDH angefordert werden.

Working Trials – Arbeitsprüfungen

Die verschiedenen Arbeitsprüfungen können von jedem gut erzogenen Hund einer Gebrauchshunde-Rasse abgelegt werden. Die Schutzhund-Prüfung Stufe 1 darf frühestens im Alter von achtzehn Monaten abgelegt werden. Sie teilt sich in drei Bereiche, Fährtenarbeit, Unterordnung und Schutzdienst. In der Fährte beispielsweise muß der junge Border Collie eine 350 bis 400 Schritt lange, mindestens 20 Minuten alte Fährte seines eigenen Hundeführers, an zehn Meter langer Leine oder freisuchend, finden und verweisen.

In der Unterordnung werden für das

Einige Rassen sind sehr aktiv im Agility, wie es hier der Border Collie beweist. Agility ist eine sehr populäre Hundesportart bei Border Collies und ihren Besitzern.

Einen Zick-Zack-Kurs bewältigen, hin- und herlaufen zwischen den aufrecht gestellten Stangen, ist eine der Übungen beim Agility. Gewinner ist der schnellste und derjenige, der eine tadellose Leistung erbringt.

Erreichen der Schutzhund-Prüfung 1 die Leinenführigkeit und die Freifolge ohne Leine geprüft. Dabei wird auch auf seine Schußgleichgültigkeit geachtet. Außerdem wird die Sitzübung, das Ablegen in Verbindung mit Herankommen, das Bringen eines Gegenstands auf ebener Erde und das Springen über eine ein Meter hohe Hürde, das Voraussenden mit Hinlegen sowie zum Schluß das Ablegen des Hundes unter Ablenkung geprüft. Im dritten Prüfungsteil, dem Schutzdienst, muß der Hund eine Streife nach dem Helfer geben, das Stellen und Verbellen einer verdächtigen Person, das Vereiteln eines Überfalls auf seinen Hundeführer und das Verfolgen und Stellen des Helfers als Mutprobe zeigen. In den Teilen A und B muß der Hund zum Bestehen der Prüfung mindestens 70 von 100 Punkten, im Teil C 80 Punkte erreichen.

Für die Schutzhund-Prüfung 2 wird die Fährte auf 600 Meter verlängert, muß mindestens 30 Minuten liegen und wird nicht vom Hundeführer selbst gelegt. In der Unterordnung sollen die einzelnen Übungen wie bei der Schutzhund-Prüfung 1 korrekt gezeigt werden, hinzu kommt der Klettersprung über eine Schrägwand von 1,60 Meter Höhe und das Bringen eines Gegenstands über die Schrägwand zum Hundeführer.

Für die Schutzhund-Prüfung 3 werden die Anforderungen an den Hund in allen drei Disziplinen noch mehr gesteigert. Für die Ausbildung Ihres Border Collie zum Schutzhund brauchen Sie

Für den Border Collie ist es das größte, sich um Schafe zu kümmern. Hütewettkämpfe, sogenannte Trials, entsprechen dem Naturtalent des Hundes, mit Herdentieren zu arbeiten.

die Unterstützung einer qualifizierten Ortsgruppe. Sowohl in der Fährte und in der Unterordnung muß ein Übungswart zur Verfügung stehen.

Sheepdogs Trials – Hüte Prüfungen

Für viele Hunde ist es ein schwieriges Hindernis, durch einen zusammenklappbaren Tunnel zu laufen, aber dieser Border Collie bewältigt diese Aufgabe mit Freude.

Seit die ersten Hüte-Trials im späten neunzehnten Jahrhundert in Wales begannen, ist die Popularität dieser Prüfungen ungeheuer angestiegen. Ohne Zweifel sind es die Border Collies, die in der Arena bei diesem Hundesport dominieren. Der erste Trial war ein freundliches Zusammentreffen von Farmern, die feststellen wollten, wessen Hund der Beste beim Schaftrieb war. Heute ist dieser Sport natürlich besser organisiert, als in den frühen Tagen des Trials. Vier große National-Trials werden jedes Jahr in Großbritannien von der International Sheep Dog Society abgehalten. Sie finden in England, Irland, Schottland und Wales statt. Der International-Trial wird in den letzten drei Septembertagen jeden Jahres veranstaltet. Dabei kommen die 15 besten Hunde jeder nationalen Veranstaltung zusammen.
Prüfungen sind auf den Grundlagen der Schafwirtschaft (in hügeligem Gelände) gestaltet und obwohl sie leicht voneinander variieren, sind sie im Grundsatz identisch. Die Hunde absolvieren: Shed, Pen, Lift, Fetch, Drive und Outrun und übertreffen sich mit großem Elan. Prüfungen laufen nach einem bestimmten Schema ab. Der Hund soll in einem gewissen Zeitrahmen eine Serie von Aufgaben

unter Anleitung eines Betreuers (Schäfer) bewältigen. Eine Aufgabe darunter ist es, die Schafe 120 Meter weg und wieder zurück durch eine Serie von Toren oder Hürden zu treiben. Eine andere Aufgabe erfordert, ein bestimmtes markiertes Tier heraussuchen.
Diese Hütehundprüfungen werden immer beliebter. Die Farmer sind inzwischen offenbar überfordert. Der Journalist, Schäfer und Züchter, Marjorie Quarton, beklagt diese Entwicklung: Eine Hütehundprüfung sollte der Sport des Farmers bleiben. In freundschaftlichem Wettkampf und keine ausgefallene Demonstration, in dem erst Schafe gefunden werden müssen, die der Hund auf einem Kurs ohne jede Furcht vor einer Gegenüberstellung „führt". Eines ist sicher: Ohne Rücksicht darauf, ob Hütehundprüfungen wie Agilityprüfungen zu öffentlichen Veranstaltungen werden, die Talente einzelner, vorzüglich gezüchteter Border Collies können nie durch Traktoren oder andere Fahrzeuge ersetzt werden!

Die Anmeldung bei der Hundeausstellung!
1. Fordern Sie Meldeformulare vom Sonderleiter des jeweiligen Rassehundeklubs oder beim VDH an.
2. Wählen Sie die Klasse, in der Sie Ihren Hund vorstellen möchten. Senden Sie die Meldeformulare rechtzeitig vor Anmeldeschluß mit dem Meldegeld zurück. Beachten Sie, daß oftmals zwei Meldeschluß-Termine angegeben werden, die sich häufig in der Höhe des Startgeldes unterscheiden.

Field Trials und Arbeitsprüfungen

Arbeitsprüfungen werden verwendet, um Hunde für Feldprüfungen vorzubereiten. Der Zweck ist, die Instinkte und natürlichen Fähigkeiten

Border Collie lieben es, mit Schafzüchtern zu arbeiten und dieses Gefühl ist gegenseitig. Hüte-Trials basieren auf bäuerlicher Landarbeit und nicht auf reinen Wettkampfsport.

Hüte-Trials mit Schafen erfordern, daß ein Border-Collie auf Abruf die Schafe durch ein Tor treibt, um sie um seinen Betreuer herumzusteuern, sie von einem Hindernis weg zu treiben, sie in eine Koppel hinein zu geleiten und sie dann wieder hinaus zu führen.

der Hunde herauszufinden. Die Arbeit am Wild wird nicht bei Arbeitsprüfungen geprüft. Im Gegensatz zu jagdlichen Prüfungen werden diese nicht als Erfolge für die Zuchtlinien notiert, obwohl sie oft unter denselben Richtern abgehalten werden. Die sogenannten Field Trials wurden 1947 in England populär. Während die Züchter von Arbeits- und Jagdhunderassen ihre Hunde entsprechend ausbilden, hält man die Border Collies doch mehr als Ausstellungshunde.

Border Collies, die keinen besonderen Hütetrieb zeigen, werden häufig als Gebrauchshunde eingesetzt. Die natürlichen Fähigkeiten und Talente dieser Rasse bilden ausgezeichnete Voraussetzungen für den Einsatz als Rettungs- oder Blindenhund. Bei Border Collies ohne besonderen Hüteinstinkt ist dennoch der Lern- und Arbeitseifer sehr hoch. Eine Aufgabe im Hundesport kommt ihm sehr entgegen. So wird dem Hund intensive Beschäftigung geboten, in der er durch seine Intelligenz und Beweglichkeit voll ausgelastet wird.

Agility

Sogenannte Agility Trials fanden 1977 in England ihren Anfang und erfreuen sich zwischenzeitlich in aller Welt größter Beliebtheit. Agility - Prüfungen werden

WICHTIGE ADRESSEN

VDH – Verband für das Deutsche Hundewesen e.V.
Westfalendamm 174
44041 Dortmund
Tel.: 0231 - 5 65 00-0
Fax: 0231 - 59 42 40
info@vdh.de

Arbeitsgemeinschaft Border Collie
Deutschland e. V. (ABCD)
Günter Piepenbrock
Mackebenstr. 14
33647 Bielefeld

Club für Britische Hütehunde e.V.
Jürgen Baldauf
Burger Landstr. 45
29277 Celle
http://www.cfbrh.de

Fédération Cynologique Internationale
13, Place Albert 1
B-6530 Thuin, Belgium
www.fci.be

in Deutschland nach internationalen Agility-Regeln der FCI durchgeführt. Die Zuerkennung des FCI-Agility-Diploms berechtigt für die Auswahl der nationalen Prüfungen und die Weltmeisterschaft der Agility der FCI. Sie ist eine Disziplin, die allen Hunden offensteht, sofern sie in einem FCI-anerkannten Zuchtbuch eingetragen und älter als 15 Monate sind. Hier soll das Zusammenspiel zwischen Hundebesitzer und Hund durch erzieherisches und sportliches Spiel gefördert werden. Voraussetzung für die Teilnahme am Agility Training ist eine erfolgreiche Grundausbildung des Hundes. Das Training erfordert ebenso für den Besitzer als auch für den Hund beste Kondition und Ausdauer. Die Freude an der engen Teamarbeit stärkt das Vertrauen und gemeinsame Erfolge steigern das Selbstbewußtsein des Hundes.

Auf dem Agility-Parcour müssen Hindernisse wie

- Hürden
- Wippe
- Reifen
- Viadukt oder Mauer
- Schrägwand
- Weitsprung
- Tisch
- Slalom
- Wassergraben
- Laufsteg
- Fester Tunnel und
- Sack-Stofftunnel

überwunden werden. Die Hindernisse dürfen keine Gefahr für den Hund darstellen und das Training sollte nie unter Zwang erfolgen. Für beide, Hund und Hundeführer, sollte es stets ein großer Spaß sein.

Es erfordert viel Geduld und Zeit, einem Border Collie beizubringen über einen Hindernisparcours zu springen.

FCI - Fédération Cynologique Internationale

Gegründet 1911, repräsentiert die FCI den „Weltdachverband“ im internationalen Hundewesen. Sie legt die einheitlichen Standard aller Rassen fest, vereinheitlicht die Grundregeln für die Hundezucht, bestimmt die Regeln des Richterwesens und ist verantwortlich für das internationale Ausstellungsreglement.
Obwohl die FCI ursprünglich nur europäische Länder wie Frankreich,

Holland, Österreich und Belgien umfaßte, ist sie heute weltweit Dachverband für fast alle Nationen von sechs Kontinenten und führt inzwischen über 400 verschiedene Rassen. Die FCI ermöglicht den Ausstellern die Anwartschaft auf drei verschiedene Titel: Dem Internationalen Champion, dem Internationalen Schönheits-Champion, der verschiedene Anwartschaften in unterschiedlichen Ländern erfordert, und dem Internationalen Trial Champion, der auf die verschiedenen Trial-Bestimmungen der verschiedenen Länder beruht. Obwohl England als auch Australien wegen der Quarantänevorschriften leider an diesen Ausstellungen und Wettkämpfen nicht teilnehmen können, erfreuen sich die FCI-Ausstellungen größter Beliebtheit und können hohe Meldezahlen verzeichnen. Als größte Veranstaltung ist hier die Welthundeausstellung zu nennen, die in jedem Jahr von einem anderen Land ausgerichtet wird.

Hier zeigt sich ein sehr erfolgreicher Junior-Aussteller, der mit seinem Border Collie mit Auszeichnung gewonnen hat. Der Kennel Club Junior heißt in seiner Organisation alle jungen Leute zwischen 8 und 18 Jahren willkommen. Die Mitglieder nehmen an Wettkämpfen, Ausstellungen, Jugendcamps und vielen anderen Dingen des Clubs teil. Im Rahmen einer Hundeausstellungen in Deutschland ist das Junior-Handling ein offizieller Wettkampf für Jugendliche.

Hundeverhalten verstehen

Als Border Collie Besitzer haben Sie einen vielseitigen Hund ausgewählt. Wenn sich Ihr Hund erst einmal in seine neue Familie integriert hat, haben Sie in ihm einen treuen, vierbeinigen Freund und Beschützer Ihrer Familie. Sie investieren Zeit, Geld und Mühe in seine Ausbildung. Natürlich hat Ihr Hund ein vorzügliches Benehmen! So perfekt das Benehmen eines Hundes sein kann.

Die Gedanken des Hundes verstehen

Hunde können nicht wie Menschen denken, und es ist auch schwer für den Menschen, das Hundeverhalten verstehen zu können. Leider ist ein Hund umgekehrt auch nicht in der Lage herauszufinden, wie ein Mensch denkt. Deshalb liegt es am Hundehalter, sich das Verhalten des Hundes vor Augen zu halten, wenn er mit der Erziehung beginnt. Hunde können nicht vorausschauen, sondern assoziieren die Geschehnisse mit bereits Erlebtem. Sie erkennen bei der Ausbildung an der Reaktion Ihres Besitzers, ob sie eine Aufgabe richtig gemacht haben oder nicht. Leider gibt es immer wieder Hundehalter, die einen Hund für etwas bestrafen, was lange zurückliegt. Sie glauben in der Reaktion des Hundes erkennen zu können, daß dieser versteht, warum der Halter sie straft. Die Reaktion des Hundes spiegelt aber lediglich sein Empfinden auf die jeweilige Situation wider. Wenn also der Halter mit ihm schimpft, erkennt er, daß dieser ihm nicht wohlgesonnen ist. Sonst nichts! Ein Hund muß deshalb immer SOFORT auf seine Fehler aufmerksam gemacht werden, damit er in der Lage ist, seine Fehler zu begreifen und zu korrigieren.

Nachfolgende Verhaltensprobleme sollen nur Beispiele repräsentieren, die Hundehalter mit ihren Hunden haben können. Jeder Hund ist ein individuelles Wesen und keine Situation ist wie die andere. Kein Halter kann das Problem mit seinem Border Collie nur durch das Lesen eines Buches beheben. Ein Buch kann nur Hilfestellung leisten und Anhaltspunkte geben, die Hundesprache zu verstehen.

Wenn die Verhaltensweisen Ihres Hundes zu einem wirklichen Problem

Wußten Sie schon?
Strenge Bestrafung für einen ungehorsamen Hund ist oft unnötig. Hunde mit schlechtem Verhalten hatten wahrscheinlich eine ungenügende Ausbildung. Sie wissen selbst nicht, was von ihnen erwartet wird. Hunde müssen nur richtig trainiert werden. Sehr strenge Disziplin schadet mehr, als Sie nützt.

Ihrem Border Collie beizubringen, Ihnen jeden Morgen die Zeitung zu bringen, ist relativ einfach, wenn er erst einmal die einfachsten Kommandos beherrscht.

werden, sollten Sie diese auch mit Ihrem Tierarzt besprechen. Er kann Ihnen gegebenenfalls einen Fachtierarzt empfehlen, der sich auf dem Gebiet der Verhaltensforschung auskennt. Weil Verhaltensprobleme die Hauptprobleme von Hundehaltern darstellen, hoffen wir, daß Ihnen dieses Buch Verständnis für Ihren Hund vermitteln kann. Geduld und Liebe sind die wichtigsten Voraussetzungen im Zusammenleben mit Ihrem Border Collie.

Aggression

Aggressionen können ein sehr großes Problem darstellen. Obwohl der Border Collie als eine besonders freundliche Rasse beschrieben wird, gibt es in keine Rasse, die völlig frei von einzelnen, aggressiven Hunden ist.

Unkontrollierte Aggression bedeutet Gefahr! Ein aggressiver Hund, gleich welcher Größe, kann außer Kontrolle geraten, beißen und Menschen oder andere Hunde angreifen. Aggressives Verhalten ist nicht zu tolerieren. Es ist mehr als nur unartiges Verhalten, es stellt einen Unsicherheitsfaktor dar! Es kann schmerzhaft sein, wenn man einen Punkt erreicht, an dem man feststellt, daß man vor dem eigenen Hund Angst haben muß. Wenn auch das aggressive Verhalten nicht immer mit Verletzungen verbunden ist, so wirkt es doch ziemlich erschreckend, wenn man sich einem knurrenden, bellenden Hund mit seinen fletschenden Zähnen ausgesetzt sieht. Es ist wichtig, die Ursache seines Verhaltens zu erkennen. Aggression ist ein Dominanzverhalten. Die Familie ersetzt dem Hund das Rudel, in dem er keine dominante Führungsrolle übernehmen darf. Dies erfordert, daß Sie dem Hund klar zu erkennen geben, daß Sie der Rudelführer sind.

Reizen Sie niemals einen aggressiven Hund, um keine Attacke herauszufordern. Beobachten Sie die Körpersprache des Hundes. Hat er direkten Augenkontakt zu Ihnen und starrt Sie an? Macht er sich größer, indem er seine Ohren aufrichtet, die Brust nach vorne wölbt und die Rute aufgerichtet nach oben trägt?

Achten Sie drauf!

Körperbetonte Spiele, wie Ringkämpfe, Wettspringen oder einfaches Necken, sollten am besten unterbleiben. Hunde aufzuhetzen, die ein bißchen zu einem verrücktem Benehmen tendieren, könnte diese verwirren. Sie als Besitzer müssen in der Lage sein, Ihren Hund jederzeit zu kontrollieren, der Hund muß wissen, daß Sie der Rudelführer sind und Sie entscheiden, wann gespielt wird.

Höhe und Größe signalisieren die Führungsposition in einem Hunderudel. Sich „größer zu machen" heißt, die soziale Stellung im Rudel zu erhöhen. Diese Körpersignale zeigen Ihnen, daß Ihr Border Collie meint, für Sie ein Problem lösen zu müssen. Die Handlungen eines aggressiven Hundes können Sie niemals voraussehen. Besonders schlimm wird es, wenn diese Aggressionen ohne besondere Vorankündigungen von einer Minute zur anderen auftreten.

Ein Verhaltensspezialist kann Ihnen im Umgang mit Ihrem Hund helfen und Ihnen Ratschläge geben. Einem aggressiven Hund kann man niemals trauen, und ein Hund, dem man nicht trauen kann, bietet keine Sicherheit im Familienzusammenleben. Wenn sich das Verhalten des Border Collies nicht ändern läßt, kann er niemals im Haus gehalten werden und die Familie muß sich von ihm trennen. Im schlimmsten Fall ist eine Euthanasie die letzte Alternative.

Aggression gegenüber anderen Hunden

Oft rührt das aggressive Verhalten Ihres Hundes aus einer schlechten Erfahrung im Welpen- oder Junghundalter. Ein Hund, der in seiner Präge- und Sozialisierungsphase nicht genügend Kontakt zu anderen Hunden hatte, hat oft Angst vor diesen. Manchmal kann er aus diesen Gründen die Körpersprache des anderen Hundes nicht deuten und verhält sich selbst falsch, so daß der andere Hund sein Verhalten fortführt. Dies kann dazu führen, daß sich die Hunde anknurren oder beißen. Ein Weg dieses zu korrigieren ist, Ihren Border Collie auch das hundetypische Begrüßungsritual vollziehen zu lassen. Lassen Sie ihn dabei nicht aus den Augen und verfolgenden Sie die Körpersprache der Hunde. Erste Anzeichen von Aggression sollten sofort unterbunden und korrigiert werden, indem man ihn an der Leine fortzieht. Schimpfen Sie mit ihm, wenn er weiter zu Streitigkeiten tendiert. Loben Sie ihn dagegen, wenn er den anderen Hund ignoriert oder toleriert. Dieses Vorgehen sollten Sie solange beibehalten, bis Ihr Hund sein aggressives Verhalten abgelegt hat.

Border Collies sind generell nicht aggressiv. Doch Hunde reagieren unterschiedlich und man sollte stets vorsichtig sein.

In der Ruhe liegt die Kraft

Wenn Sie möchten, daß Ihr Hund sich ruhig hinlegen soll, laufen Sie selbst beim Geben des Kommandos nicht unnötig aufgeregt herum, denn Ihr vierbeiniger Freund wird sich an Ihnen ein Beispiel nehmen, wie man sich jetzt in dieser Situation verhalten soll. Kurz gesagt, er schaut sich alles bei Ihnen ab.

Wußten Sie schon?

Es gibt zwei Medikamente, die extra dafür entwickelt wurden, um Verhaltensprobleme bei Hunden zu behandeln? Mehr als 7 Millionen Hunde werden in jedem Jahr eingeschläfert, weil Hundebesitzer mit den Eigenheiten des Vierbeiners nicht mehr zurechtkommen, das sagt Nicholas Dodman, ein Verhaltensforscher für Tiere an der Tufts Universität in Massachusetts. Das erste Medikament, Clomicalm, verabreicht man Hunden, die unter Trennungsschmerz leiden. Diese alleingelassenen Hunde bellen ständig, zerstören Einrichtungsgegenstände mit den Zähnen, sabbern herum und scheiden ihre Exkremente im Haus aus.

Das zweite Medikament, Anipryl, wird für cognitive Hundefunktionsstörungen (Alter-Hund-Syndrom) empfohlen, einer geistigen Verschlechterung, die mit dem Alter kommt. Solche Hunde scheinen oft zu vergessen, daß sie ans Haus gewöhnt sind und wo ihre Futternäpfe sind. Sie vergessen sogar, wer ihr Besitzer ist oder wer die Familienmitglieder sind. Eine besondere Mensch-Tier-Beziehung besteht mit allen Hunden, vor allem mit älteren Hunden. Diese wertvolle Beziehung leidet sehr und verschlechtert sich, wenn der Hund seinen Herrn nicht erkennt. Dieses Medikament kann dabei helfen, die lange Zeit bestehende Freundschaft wieder aufzufrischen und dem Senior-Hund ein bißchen mehr Lebensfreude wiederzugeben. Über die Wirkungsweise einzelner Medikamente, die in Deutschland angewendet werden, wird Ihnen Ihr Tierarzt Auskunft geben können.

Aggressionen aus Dominanzsgründen

In jedem Wildhunderudel gibt es eine festgelegte, soziale Hierarchie. Jeder ranghöhere Hund macht dem unter ihm in der Rangfolge stehenden Hund seine Dominanz deutlich und unterwirft sich dem Ranghöheren. Hunderudel brauchen einen festen Rudelführer. Wenn Sie also dem Hund in ihrem Familienrudel nicht deutlich zeigen, daß Sie der Rudelführer sind, wird der Hund die Rudelführung übernehmen! Dies ergibt oftmals eine Konfliktsituation, der mit einem konsequenten Training vorgebeugt werden kann. Im Training muß dem Hund sehr deutlich gemacht werden, wer der Leithund ist und die Kommandos gibt, nämlich Sie! Dies ist bei allen Übungen und in allen Lebensbereichen in Ihrem Familienzusammenleben wichtig.

Ein wichtiger Teil des Trainings ist, jede Gelegenheit wahrzunehmen, ihm klarzumachen, daß Sie der Führer sind. Die einfache Übung, Ihren Border Collie dazuzubringen, zu sitzen, um auf seine Nahrung zu warten, sagt, daß Sie bestimmen und kontrollieren, wann er ißt, und daß er für Nahrung von Ihnen abhängig ist. Oftmals ist es schwierig, nicht jedes Mal den Wünschen Ihres Hundes nachzugeben, wenn er Sie mir flehenden Augen ansieht oder heult. Es verlangt einer ständigen Konsequenz, dem Hund zu zeigen, daß sein Platz am Schluß des Rudels ist. Dies ist weder grausam noch inhuman. Sie lieben Ihren Border Collie und Sie sollten ihn mit Sorge und Zuneigung behandeln. Sie halten sich (hoffentlich) keinen Hund, um ständig den Chef über eine andere Kreatur zu demonstrieren. Der Sinn der Hundeausbildung ist nicht, grausam zu sein oder sich wichtig zu fühlen. Der Sinn ist, das Benehmen des Hundes so zu formen, daß er umgänglich ist und anerkennt, daß er nach Ihren Regeln leben muß.

Die Theorie ist ziemlich einfach: Die Situation bei entsprechendem Benehmen erkennen und ihn dafür belohnen.

Bringen Sie den Hund in eine Situation, aus der er den Zusammenhang verstehen und lernen kann, wie er sich verhalten soll. Eine positive Verstärkung funktioniert hier am besten. Bei einem dominierenden Hund haben Strafen und negative Verschärfungen oft die entgegengesetzte Wirkung von dem, was Sie erreichen wollen.

Es kann für einen Hund furchteinflößend sein oder er läßt sich zu einem aggressiven Akt hinreißen, wenn er der Ansicht ist, daß er herausgefordert wird. Erinnern Sie sich daran, ein dominierender Hund wird, wenn er sich an der Spitze des sozialen Gefüges befindet und dieses auch wahrnimmt, darum kämpfen, seinen gesellschaftlichen Status zu verteidigen. Die beste Art, dieses zu verhindern wird sein, Ihrem Hund niemals einen Grund zu geben, anzunehmen, daß er die oberste Kontrolle inne hat. Sollten Sie in irgend einer Art und Weise Schwierigkeiten dabei haben und es scheint, als ob er Ihre Autorität konstant herausfordert, suchen Sie die Hilfe bei einem Gehorsamstrainer oder bei einem Verhaltensspezialisten.

Achten Sie drauf!

Hundeaggression ist ein ernstes Problem. Geben Sie niemals jemand anderen einen aggressiven Hund. Normalerweise wird der Hund noch aggressiver in seiner neuen Situation, als er es ohnehin schon ist. Für ihn muß, seiner Meinung nach, die Führungsposition im neuen Rudel noch umkämpft werden.

Achtung, Gefahr!

Sollten Sie mit Ihrem angeleinten Hund einen anderen begegnen, der allein und unbeaufsichtigt herumläuft, wenden Sie sich mit Ihrem Hund ab und entfernen Sie sich beide rasch. Vermeiden Sie und Ihr Hund, die Aufnahme jeglichen „Augenkontakts" mit dem „Störenfried". In der „Hundesprache" kommt dies einer Herausforderung gleich.

Den Hund erziehen, bedeutet sein Verhalten zu formen und sein Verlangen anzupassen. Übermäßig dominante Hunde können die Führung schnell ergreifen.

Es ist für beide, Sie und Ihren Hund, eine intensive Willensarbeit, eine wirksame Methode zu erarbeiten, nach der Sie zu Hause trainieren können. Hüten Sie sich vor übertrieben strengen Methoden: Schelte ist nur dann notwendig, wenn es die Situation sofort erfordert, aber der Fokus in Ihrer Ausbildung sollte immer auf positive Verstärkung ausgerichtet sein. Wenn Sie können, finden Sie heraus, was bei dem Hund die Furchtreaktion ausgelöst hat. So können Sie ihm helfen, über sie hinwegzukommen. Der Kontakt zu anderen Hundebesitzern und anderen Hunden ist für Sie und Ihren Border Collie ebenso wichtig. Sie sollten Ihren Hund beim Spiel mit anderen gut beaufsichtigen. Wenn Ihr Hund aggressives Verhalten in einer Situation zeigt, so korrigieren Sie diese aus der Situation heraus und entfernen sich. Lassen Sie andere Personen nicht an den Hund herangehen bzw. ohne Ihre ausdrückliche Erlaubnis füttern oder streicheln. Behalten Sie sich diesen Weg vor. Lassen Sie den Hund sitzen, um ein Streicheln zu akzeptieren und ihn zu loben, wenn er sich richtig benommen hat. Zielen Sie Ihre Erziehungsmethode auf Lob ab und korrigieren Sie so sein Benehmen. In Erwartung einer Belohnung, wird der Hund stets versuchen, sich passend zu verhalten. Dadurch, daß Sie sanft sind, und sein Verhalten beobachten, zeigen Sie ihm, daß es keine Notwendigkeit gibt, sich zu fürchten oder sich defensiv zu verhalten.

Konsequenz ist wichtig!

In Ihrem Hund steckt von Geburt an eine Rudelführer–Mentalität. Er kennt das Ritual der Hackordnung und will instinktiv oberster Hund sein, aber Sie müssen ihn davon überzeugen, daß Sie der Herr im Hause sind. In der freien Natur innerhalb des Rudels gibt es ein Zusammenleben wie in einer Demokratie nicht, Sie sind der einzige Herrscher.

Wenn Ihr Rüde die Rasse retten muß!

Viele Rüden, ob nun kastriert oder nicht, klammern sich an ein Kissen, oder zu Ihrem großen Entsetzen, an das Bein Ihren Nachbarn. Dies ist ein eindeutiges Zeichen von Dominanz. Diese Zeichen zeigen sich auch schon im Welpenalter. Wie andere unerwünschte Verhaltensweisen, muß auch dies sofort getadelt werden. Es ist allerdings nicht leicht, dieses Verhalten zu korrigieren. Während bei einem Welpen die ersten Versuche sofort vom Besitzer unterbunden werden können, ist es schwerer, einen erwachsenen Hund davon zu überzeugen. Diese Rüden haben einen gesteigerten Drang „die Rasse zu retten“ und reagieren oft sehr ungehalten, wenn Sie dabei gestört werden. Einen Rüden mit gesteigertem Sexualverhalten durch Kastration davon abzuhalten, führt nicht immer zum Erfolg.

Sexualverhalten

Eine wesentliche Bedeutung ist das Geschlecht, ob Hündin oder Rüde, bei der Anschaffung Ihres Border Collie. Wenn der Hund ein gestörtes Sexualverhalten aufweist, kann

Achten Sie drauf!
Angst beim erwachsenen Hund ist oft das Ergebnis fehlerhafter oder unvollständiger Sozialisation als Welpe. Sie kann jedoch auch die Folge eines traumatischen Erlebnisses, das der Hund als Junghund hatte, sein. Bedenken Sie, daß traumatisch ein relativer Begriff ist – ein Ereignis, das Sie vielleicht nicht einmal bemerkt haben, kann bei einem Welpen einen andauernden, negativen Eindruck hervorrufen. Wenn der Hund im späteren Leben ähnliches erlebt, ist es möglich, daß er angreift um sich zu schützen. Dieses Verhalten ist sehr schlecht zu beeinflussen, vor allen Dingen wenn Sie nicht wissen, was genau seine Angst hervorruft.

manchmal eine Kastration oder Sterilisation Abhilfe schaffen. Egal wie Ihre Wahl ausfällt, ob Rüde oder Hündin, sie sollten die geschlechtsbezogenen Eigenschaften Ihres Hundes in Ihre Überlegungen mit einbeziehen. Bei der Auswahl eines eventuellen Zuchthundes, müssen Sie zudem noch besondere Umstände beachten.
Hündinnen werden normalerweise zweimal im Jahr läufig. Eine Läufigkeit dauert etwa drei Wochen. Dies ist der einzige Zeitraum, in der die Hündin gedeckt werden kann, wobei sie es allerdings nicht vor der zweiten Woche der Läufigkeit zuläßt. Da Hündinnen, auch wenn Sie nicht belegt wurden, dem gleichen Hormoneinfluß unterliegen, ist es nicht ungewöhnlich, daß sie scheinträchtig werden und alle Anstalten einer echten Trächtigkeit zeigen. Sie bauen ein Nest und tragen Stofftiere oder andere „Ersatzwelpen“ zusammen, um sie zu behüten. Ihre Zitzen werden sich vergrößern und sogar Milch geben.
Das Aufspringen auf andere Hunde ist nicht mit Sexualverhalten zu erklären, sondern es handelt sich hier um ein reines Dominanzverhalten. Sie sollten sich darüber im Klaren sein, ob Sie diese Probleme bewältigen können.

Das Kauen

Jeder Hund liebt es, seine Zähne in einen schmackhaften Knochen versinken zu lassen. Knochen dienen zur Zahnpflege, massieren den Gaumen des Hundes und trainieren die Kaumuskeln. Dies ist ein tief verwurzeltes Verhalten aller Hunde. Als Besitzer sollten Sie das Kauen nicht unterbinden. Allerdings ist es wichtig, es in richtige Bahnen zu lenken. Der Fachhandel bietet hier eine Vielzahl von Kauartikeln an. Border Collie lieben außerdem Kauknochen, die speziell für große Hunde hergestellt werden. Versichern Sie sich, daß die Kauartikel für Ihren Hund geeignet sind.

Wenn Ihr Border Collie ein „Kauer“ ist, geben Sie ihm nur Spielzeug, das er auch „bekauen“ kann, es muß robust und sicher sein. Einige Stoffspielzeuge können Farben enthalten, die gefährlich für Ihren Vierbeiner sind.

Auf diese Weise wird der Hund davon abgehalten, an Ihren Schuhen, Handtaschen und anderen, für ihn interessanten Gegenständen herumzukauen. Wenn Ihr Welpe gerade am Tischbein knabbert, bringen Sie ihn an einen Platz, wo er sein Kauspiel-

Eigentümer von Border Collies, die eine Vorliebe zum kauen haben, müssen deren Vorliebe zum Positiven kehren.

zeug kauen kann. Loben Sie ihn dabei und zeigen Sie ihm, daß es hier erlaubt ist, zu kauen.

Das Anspringen

Anspringen ist die freundliche Art eines Hundes „Hallo!" zu sagen. Manche Hundebesitzer stört dies nicht, und das ist erfreulich für den Hund. Das Problem beginnt im Grunde erst, wenn Gäste zu Besuch kommen und der Hund sie auf die gleiche Art und Weise begrüßen möchte. Wie freundlich diese Geste auch sein mag, so sieht es der Besucher sicher nicht als angenehm, wenn zwei schmutzige Pfotenabdrücke auf seiner weißen Kleidung zu finden sind. Der Hund kann nicht unterscheiden, wen er anspringen darf und wen nicht. Deshalb ist es das Beste, das Anspringen von vorn herein zu unterbinden.
Wählen Sie einen Begriff wie „runter" oder „ab", wenn Sie ihn vom Anspringen abbringen möchten. Führen Sie ihn wieder auf den Boden und lassen ihn „Sitz" machen. Loben Sie ihn dabei! Auf diese Weise können Sie ihn begrüßen und geben ihm gleichzeitig ein Gefühl von Sicherheit. Während er in der „Sitz"-Position verharrt, streicheln Sie ihn, damit Sie ihm ein wenig die Aufregung nehmen, die er bei seiner Wiedersehensfreude empfindet.

Einige Border Collies sind so überschwenglich beim Spielen, daß sie an Ihren Gästen und Freunden hochspringen und diese erschrecken.

Das Graben

Das Graben ist eine natürliche Eigenschaft des Hundes. Von den Besitzern wird es allerdings nicht gern gesehen. Auch wenn Ihr Border Collie nicht zu den Rassen gehört, die für die Arbeit unter der Erde in einem Dachsbau o. ä. vorgesehen ist, kann seine Neigung, Löcher in den Rasen zu graben, seine Besitzer doch sehr frustrieren. Wenn das Graben Ihrem Hund in Ihrem Garten erlaubt ist, kann der Hund seinem natürlichen Verlangen nachkommen. Beispielsweise würde ein Hund in freier Wildbahn auf diese Weise sein Futter suchen oder einen Schlafplatz graben. Mit seinen kraftvollen Pfoten ist er für diese Aufgabe bestens ausgerüstet, die für ihn „Überleben" bedeuten kann. Weil der heutige Hund aber mit Futter und Unterkunft

vom Menschen versorgt wird, benötigt er diese Eigenschaft nicht mehr. Dennoch ist es immer noch im Hund vorhanden und äußert sich durch das Graben von kleinen Löchern im Garten und in den Blumenbeeten.
Vielleicht gräbt Ihr Hund aber auch einfach nur, weil er sich langweilt und nichts besseres zu tun hat. Deshalb sollten Sie Ihrem Hund ausreichend Beschäftigung geben.
Selbstverständlich wäre es einfach, diese Eigenschaft zu unterbinden. Das Problem dabei ist aber, daß man ihn meistens nicht auf frischer Tat ertappt. Somit ist es schwer, ihn im richtigen Moment zu tadeln. Wenn es ihm absolut nicht abzugewöhnen ist, wäre es eine Möglichkeit, ihm außerhalb des Gartens eventuell auf einer Wiese einen Platz zum Graben zuzuweisen. Beobachten Sie ihn, und so wie er zu graben beginnt, packen Sie ihn und schimpfen mit ihm, während Sie ihn gleichzeitig zu dem Platz bringen, an dem er Graben darf. Dies kann mit einem Lob unterstützt werden. Wenn er allerdings bereits Ihre Blumenbeete umgegraben hat und der Rasen von Löchern verziert ist, kann er Ihr „Nein" nicht mehr in Relation bringen, wenn Sie dies zwei Stunden später entdecken und dann mit ihm schimpfen. Nur wenn Sie ihn auf frischer Tat beim Ausbuddeln Ihrer Tulpen erwischen, wird er verstehen, was Sie von ihm wollen.

Das Bellen

Wenn Hunde sprechen könnten, hätten Sie sicher eine Menge zu erzählen! Die verbale Kommunikation drückt der Hund mit Bellen aus. Für den Menschen ist es manchmal schwer zu erkennen, ob er aufgeregt, fröhlich, ängstlich oder böse ist. Was immer er mit seinem Bellen ausdrücken möchte, so sollte er dafür nicht bestraft werden. Nur wenn das Bellen in übersteigertem Maße geschieht und dies zur schlechten

Achten Sie drauf!

Wenn ein Hund zubeißt, gibt es immer einen Grund. Manche Hunde sind darauf abgerichtet, Ihre Familie, das Haus oder Grundstück zu beschützen. Er würde also jeden Fremden als Eindringling betrachten. Ein Hund hat keine andere Möglichkeit zum Angriff, als seine scharfen Zähne zu benutzen. Um sich zu verteidigen, verhält er sich anders: Er läuft davon oder unterwirft sich, indem er sich auf den Rücken legt.
Border Collies gehören normalerweise nicht zu den Hunden, deren Kampfinstinkt gezielt gefördert wird, die also zum zubeißen abgerichtet werden. Es kann aber vorkommen, daß ein Hund aus einem Mißverständnis heraus beißt. Deshalb sollte man kleine Kinder und Hunde niemals unbeaufsichtigt lassen.
Aggressives Verhalten darf von Anfang an nicht toleriert werden. Es ist mehr als nur schlechte Manier – es istgefährlich und schmerzlich für die Familie, zu beobachten wie der geliebte Partner unbeherrschbar wird und jeder Angst vor ihm hat.

Was mache ich, wenn er mich anknurrt?

Sollten Sie einem fremden aggressiven, knurrenden Hund begegnen, laufen Sie nicht schnell davon. Bleiben Sie einfach ruhig stehen und vermeiden Sie „Augenkontakt". Wenn Sie irgend etwas mit sich tragen, werfen Sie es seitlich fort, um den Hund abzulenken und um ihn vielleicht von einem Frontalangriff abzuhalten.

Angewohnheit wird, ist es nötig, dieses Verhalten zu korrigieren. Wenn ein Einbrecher Nachts in Ihr Haus steigt und der Hund ihn laut bellend meldet, würden Sie sich darüber freuen. Sie haben einen Hund, der Ihr Haus und Eigentum beschützt und fühlen sich sicher. Wenn aber ein Freund an der Haustür klingelt und der Hund dies meldet, ist dies vielleicht ein Verhalten, daß Sie nicht gutheißen. Auch wenn der Hund einen Freund schon an der Tür erkennt und ihn anbellt, meldet er damit, daß jemand in „sein Territorium" eingedrungen ist. Für den Hund macht es keinen Unterschied, er weiß es nicht besser. Dies ist eine instinktgebundene Handlung, für die der Hund nicht bestraft werden sollte.

Unkontrolliertes Bellen ist allerdings ein Problem, das frühzeitig unterbunden werden sollte. Wenn Ihr Border Collie heranwächst, haben Sie oft die Möglichkeit, ihm klar zu machen, wann sein Bellen erwünscht ist und wann nicht. Ein Dauerkläffer zeigt sich schon im frühen Alter.

Es gibt viele Dinge, die einen Hund zum Bellen veranlassen. Ein Beispiel sei hier genannt: Sie haben einen Hund, der ununterbrochen bellt. Sie wollen ihn nun mit einem kleinen Leckerli beruhigen. Er wird dies als Belohnung für sein Bellen ansehen. Er wird die Belohnung mit seinem Bellen assoziieren und wird dies stets wiederholen, wenn er eine Belohnung haben möchte.

Futter stehlen

Stiehlt Ihr Hund Futter vom Tisch? Wenn ja, sollten Sie sich folgende Fragen stellen: Macht er dies, weil er Hunger hat oder ist er ständig ausgehungert? Warum haben Sie das Essen auf dem Tisch stehen lassen? Es gibt Hunde, die nur ans Fressen denken und andere wiederum haben damit überhaupt keine Schwierigkeiten. Essen stehlen ist zudem noch ein aufregender Spaß, mit einer wunderbaren Belohnung - FUTTER! Deshalb sollten Sie als Besitzer diese Möglichkeit in Betracht ziehen und sich darauf vorbereiten. Hierbei hilft es, in eine leere Blechdose ein

Einen Border Collie zu unterhalten und ihn zu beschäftigen, stimuliert seinen Verstand und Körper. Langeweile ist eine Hauptursache von vielen zerstörerischen Verhaltensformen.

Verhaltensprobleme müssen gelöst werden
Wenn Ihr Hund grundlos bellt oder vielleicht auch genau so grundlos Fremde anknurrt, die sich Ihnen oder ihm nähern, so zeigt er territoriales Besitzverhalten, das in stetig steigernder Aggression enden könnte. Dies ist potentiell gefährlich und kann oft nur durch Hilfe eines Verhaltensspezialisten beseitigt werden.

paar Münzen zu stecken und sie zuzukleben. Versucht nun der Hund an das Essen zu gelangen, schütteln Sie die Dose ganz kräftig, wodurch ein scheppperndes Geräusch entsteht. Sie können die Blechdose auch neben ihn auf den Boden werfen. Dieses Geräusch, das da aus heiterem Himmel auf ihn eindringt, erschreckt den Hund dermaßen, daß er es sich fest einprägt und es ein nächstes Mal oft nicht gibt. Auf diese Art können Sie den Hund bestrafen, ohne selbst aus der Sicht des Hundes in Aktion treten zu müssen. Es ist auch in anderen Situationen sehr vielseitig einsetzbar.

Das Betteln

Ebenso wie Futter stehlen, ist das Betteln eine beliebte Art von Welpen, auf Ihren Hunger aufmerksam zu machen. Mit demselben Ziel - FUTTER. Hunde lernen schnell, daß der Besitzer das „gute Futter" stets für sich selbst behält. Da Menschen aber meist in Gesellschaft essen, gibt dies dem Hund die Möglichkeit, seinen Anteil zu fordern. Betteln wird oft durch bestimmte Reize ausgelöst. Der Klang von Töpfen und Flaschen, knisternde Taschen, der gute Geruch - eben alles, was aus der Küche an sein Ohr dringt und ihn wissen läßt: Das Essen wird vorbereitet. Dies veranlaßt ihn herbeizueilen, mit bettelnder Geste seine Pfote zu heben und um Futter zu bitten.
Es gibt mehrere Möglichkeiten, dieses Verhalten zu stoppen. Geben Sie der bettelnden Geste Ihres Hundes niemals nach! Sie belohnen damit sein Verhalten. Ignorieren Sie ihn solange, bis er damit aufhört. Unterbinden Sie dieses Verhalten, bevor es zu einer schlechten Gewohnheit wird. Sprechen Sie sich auch mit den anderen Familienmitgliedern ab, damit der Hund nicht dort mit seinem Betteln erfolgreich ist.

Angst vor dem Alleinsein

Wenn Sie Ihr Haus verlassen, kann es vorkommen, daß Ihr Border Collie heult, winselt oder sich in ähnlicher Form äußert, um sein Unwohlsein

Wußten Sie schon?
Um übersteigertes Bellverhalten einzuschränken, genügt es meist, dem Hund das Kommando „Ruhe" oder etwas Ähnliches beizubringen. Wenn ein Fremder an die Haustür kommt und der Hund bellt kurz, loben Sie ihn dafür! Sprechen Sie sanft und wenn er sein Bellen unterbricht, sagen Sie „Ruhe" und loben ihn weiter. Auf diese Weise erlauben Sie ihm ein instinktives Bellen als Warnung. Nach kurzem „Anschlagen" fordern Sie ihn auf, Ruhe zu geben. Dieses können Sie mit einem Leckerli belohnen.

Achten Sie drauf!

Das Bellen Ihres Hundes ist seine Art, Sie zu schützen. Wenn er eine fremde Person, die an Ihrem Haus vorbeigeht, einen fortfahrenden Wagen oder einer flüchtenden Katze hinterher bellt, nimmt er lediglich seine Verantwortung wahr, sein Rudel vor einem vermeintlichen Eindringling zu schützen. Da der „Eindringling" normalerweise zu gehen pflegt, denkt der Hund, daß er mit seinem Bellen diesen „Eindringling" verjagt hat, und er fühlt sich in seinem Handeln bestätigt. Bellen ist eine normale Kommunikationsform des Hundes, übermäßiges grundloses Bellen sollte daher untersagt werden.

aufgrund Ihrer Abwesenheit auszudrücken. Dies ist die normale Art von „Allein-sein-Angst", der Sie leicht entgegenwirken können. Ihr Hund muß lernen, sich mit dieser Situation auseinanderzusetzen. Er soll sicher sein, daß ihm nichts geschieht, wenn Sie nicht in seiner Nähe sind. Es ist tatsächlich so, daß Ihre ständige Anwesenheit seine Angst fördern kann. Wenn Sie ihn ständig streicheln und verhätscheln, wird es ihm schwer fallen, ohne diese Zuwendung auszukommen. Selbstverständlich lieben Sie Ihren Hund und streicheln ihn gern, aber Sie sollten Ihre Zuwendungen nicht übertreiben.

Sie sollten ihn langsam an Zeiten Ihrer Abwesenheit gewöhnen. Übertreiben Sie nicht mit Ihren Gesten, weder, wenn Sie sich von ihm verabschieden, noch wenn Sie zurückkommen. Je weniger Aufhebens Sie davon machen, desto weniger wichtig wird es für den Hund.

Wenn Sie Ihren Hund an den Aufenthalt in einem Faltkäfig gewöhnt haben, wird er diesen als einen geschützten Platz empfinden und sich darin sicher fühlen, wenn Sie fort sind. Geben Sie ihm etwas, womit er sich während Ihrer Abwesenheit beschäftigen kann.

Wichtig ist, daß Sie ihn in kleinen Schritten an Ihre Abwesenheit gewöhnen und ihn niemals über einen zu langen Zeitraum allein lassen. Ihr Hund weiß nicht, wann Sie wieder zu ihm zurückkommen und er kennt auch kein Zeitgefühl, womit er dies abschätzen kann.

Wenn Ihr Hund allein im Hause bleiben muß, sorgen Sie dafür, daß alles gesichert ist und er erstens nichts zerstören kann und ihm zweitens auch nichts zustoßen kann. Lassen Sie ihn in einem Bereich, in dem er sicher ist und sich sicher fühlt.

Kotfressen (Coprophagia)

Für Menschen ist das Kotfressen der Hunde die ekligste Sache der Welt! Hunde können dies sicherlich überhaupt nicht nachvollziehen. Für sie

Wußten Sie schon?

Hundliches Begrüßen äußert sich darin, daß die Hunde sich an Ihren Hinterteilen beschnüffeln. Diese Begrüßung stellt eine wichtige Information für den Hund dar. Das Schnüffeln am Hinterteil signalisiert dem Rüden, ob eine Hündin aufnahmefähig ist. Obwohl sich manche Hunde vorher noch nie gesehen haben, wissen Sie durch diese Art „Begrüßung" mit wem sie es zu tun haben und wie die Rangfolge gegenüber dem anderen Hund ist.

ist es vollkommen normal. Es ist schwer zu verstehen, warum der Hund seinen eigenen Kot frißt. Es wird vermutet, daß ihm Nährstoffe in seinem Futter fehlen und er sie sich auf diesem Wege beschafft. Er könnte schlicht Hunger haben oder aber von dem Geruch (des anderen Hundes) angetan sein. Der Begriff Kotfressen (Coprophagia) bedeutet, daß der Hund seine eigenen Exkremente frißt. Oft nehmen Hunde aber auch den Kot anderer Tiere auf. Über die wirklichen Gründe ist man sich unter Veterinärmedizinern nicht ganz einig. Eine Bedeutung könnte einer unzureichenden Ernährung zukommen. Eine andere Erklärung ist, daß der Hund sein Revier „sauberhalten" will und den Geruch des „fremden Hundes" entfernt, indem er dessen Kot auffrißt.

Durch diese Angewohnheit kann der Hund leicht Durchfall bekommen. Auch werden unkontrolliert Wurmeier übertragen.

Dies Verhalten zu unterbinden bedarf erst einmal einer Kontrolle seiner Futterinhaltsstoffe. Prüfen Sie, ob hier gegebenenfalls etwas nicht enthalten oder zu geringfügig enthalten ist und ob die Futtermenge mit dem Bedarf Ihres Hundes übereinstimmt. Manchmal hilft auch ein einfacher Futterwechsel. Wenn sich dann immer noch keine Änderung einstellt, und auch keine Krankheit festgestellt wurde, müssen Sie die Umgebung nach Kothaufen kontrollieren, bevor der Hund sie findet. Es ist sehr schwer, dieses Verhalten in den Griff zu bekommen. Sie sollten den Hund einige Zeit an der Leine spazierenführen. So können Sie ihn zurechtweisen, sobald er versucht Kot aufzunehmen. Auf diesem Wege kann er sein Verhalten in direkten Zusammenhang mit einer Bestrafung bringen. Eine andere Möglichkeit ist es, dem Hund für einen Zeitraum von 30 bis 60 Tagen einen Maulkorb anzulegen. Kotfressen wird immer wieder bei Welpen im Alter von 6 bis 12 Monaten beobachtet und verschwindet meistens nach dem ersten Lebensjahr.

Zuviel Zärtlichkeit kann krank machen!

Wir alle lieben unsere Hunde und unsere Hunde lieben uns auch. Sie zeigen es uns, indem sie uns ablecken. Das ist sehr unhygienisch, denn Hun-

de schnüffeln und lecken an sehr unappetitlichen Plätzen. Bei dieser Art der Liebesbezeugung können auch Parasiten übertragen werden.

Wußten Sie schon,
daß manche Hunde sehr wild auf die Rückkehr ihres Besitzers reagieren können, wenn man sie für eine „längere Zeit" allein lassen mußte? Sie sind sehr ungestüm, springen, beißen, kauen, reißen Dinge auseinander, nässen oder benehmen sich in einer sehr undisziplinierten Art. Versuchen Sie Ihren Hund zu beruhigen, bevor er Sie begrüßen kann. Sonst kann es sein, daß er Ihre große Aufmerksamkeit als eine Belohnung für seine Eskapaden betrachtet.

Fremde Hilfe in Anspruch nehmen

Obwohl in den vorhergehenden Kapiteln ausführlich erklärt wird, wie Sie auf die unterschiedlichen Eigenarten Ihres Hundes erzieherisch einwirken, sie fördern und in richtige Bahnen lenken können, erweist es sich für manche oft als schwierig, diese Theorien in die Praxis umzusetzen. Manche Menschen wachen leider erst auf, wenn sie sich durch die schlechten Angewohnheiten ihres Hundes gestört fühlen. Wenn sozusagen „das Kind bereits in den Brunnen gefallen ist". Scheuen Sie sich also nicht, die Hilfe eines erfahrenen Ausbilders, privat oder in einer Hundeschule, in Anspruch zu nehmen. Sie sollten sich jedoch vorher ausführlich über seine Erziehungsmethoden und seine Erfahrungen erkundigen. In der Hundewelt gibt es recht zahlreiche Methoden der Hundeerziehung, jedoch sind nicht alle für jede Rasse geeignet. Zudem ist zu beachten, daß eine 20jährige Erfahrung erst einmal überhaupt nichts über eine erfolgreiche Hundeerziehung aussagt. Sie kann ebenso Stillstand durch längst überholte Trainingsabläufe bedeuten. Bevor Sie also mit Ihrem Hund eine Hundeschule besuchen, was grundsätzlich als positiv für den Hund zu betrachten ist, zumal der Hund hier den notwendigen sozialen Kontakt zu anderen Hunden erhält, sollten Sie ohne Ihren Hund in eine Übungsstunde gehen und sich den Ablauf ansehen und erklären lassen. Eine Trainingsmethode, in der viel Drill angewandt wird, führt über einen längeren Weg zwar auch zum Ziel, aber der Hund steht unter sehr viel Druck und wird das von ihm Verlangte lediglich aus Angst erfüllen. Diese immer noch häufig angewandte Methode, sollte nicht der Weg einer erfolgreichen Hundeerziehung sein. Sie gehört einfach der Vergangenheit an. Hundeschulen, die Welpenspieltage anbieten, Ihnen vorher ausgiebig ihre Methoden erläutern, sich um die

Achten Sie drauf!
Die Zahl der unter Einsamkeit oder Trennungsangst leidenden Hunde nimmt ständig zu? Viele Hundebesitzer gehen einer ganztägigen Beschäftigung nach. Die Auswirkungen werden immer häufiger beobachtet, die Hunde wirken verstört, ängstlich etc. Die Ursache ihres Verhaltens ist oftmals schwer zu erkennen, da der Hund in einer Zeit leidet, in der er unbeobachtet, also allein zu Hause ist. Die Besitzer müssen über die Bedeutung des „Allein-seins für den Hund" aufgeklärt und beraten werden. Hier sollte bereits der Züchter beachten, wem er seinen Welpen anvertraut.

Sicherheit ihres Hundes während der Ausbildung kümmern und bereit sind, Ihnen in persönlichen Gesprächen die Hintergründe des „Warum“ zu erklären, sind stets die kompetenteren Ansprechpartner.
Es gibt viele erfolgreiche Methoden in der Hundeerziehung und jeder Trainer hat so seine Vorlieben. Seien Sie vorsichtig bei der Wahl Ihres Ausbilders und lassen Sie sich nicht ausschließlich von Worten wie „Kynopädagoge“ beeindrucken. Auch wer seine "Geheimnisse" nicht preis geben will, kann nicht ihr Ansprechpartner sein. In der Hundeerziehung gibt es keine Geheimnisse. Nur wer den Zusammenhang versteht, kann seinen Hund erfolgreich erziehen. Und noch etwas: Lassen Sie sich niemals darauf ein, Ihren Hund durch eine andere Person erziehen zu lassen. Hundeerziehung ist eine Angelegenheit zwischen Halter und Hund – ausschließlich! Selbst wenn Ihnen Ihr „fremd-ausgebildeter“ Hund perfekt erzogen vorgeführt werden kann, heißt dies lange noch nicht, daß Ihr Hund bei Ihnen ebenso führig ist. Hundeerziehung ist Verständnis der Zusammenhänge, Konsequenz in der Durchführung und Kompetenz in der Rudelführung Ihres Mensch-

Der Border Collie gibt Ihnen die gute Pflege, Ihr Verantwortungsbewußtsein und Ihre Freundschaft zehnfach zurück. Geben Sie Ihrem Hundefreund einfach das Beste was Sie können.

Hunde-Rudels. Sie werden von Ihrem Hund nur als Rudelführer akzeptiert, wenn Sie diese Stellung kompetent vertreten. Lassen Sie sich also ruhig bei der Ausbildung helfen, aber lassen Sie sich die Ausbildung niemals aus der Hand nehmen! Hundeverhalten verstehen ist schon der halbe Weg zu einem umgänglichen Familienhund.

INDEX

Abgewöhnung des Futtertrainings 90

Ablaufplanung 74

Aggression 142

Aggression gegenüber Artgenossen 143

Aggression aus Dominanzgründen 144

Ancylostoma caninum 118, 118

Andere Aktivitäten 92

Angst vor dem Alleinsein 152

Allgemeine Welpenprobleme 52

Anschaffungen für den Welpen 39

Ansprechen des Hundes 84

Anpringen 148

Arbeitsintelligenz 17

Arbeitsprüfungen 134

Ascaris lumbricoides 118

Auge 16

Ausbildung 68

Auswahl eines Tierarztes 95

Auto-immune Hauterkrankungen 104

Autoreisen 64

Autorität 17

Axelrod, Herbert R 117

Baden 60

Bandwürmer 118

Beginn des Trainings 84

„Bei-Fuß"-Kommando 89

Bellen 149

Betteln 151

„Bleib"-Kommando 87

Bouvier des Flandres 13

Bürsten 59

Caius, John 10

Coelius 11

Cognitive dysfunction syndrome 130

Collie Augenanomalie (CEA) 94

Coprophagia 153

Crufts Dogs Show 132

Ctenocephalides canis 108, 110-111

Ctenocephalides felis 110-111

Decken 41

Dermacentor variabilis 115

Dirofilaria immitis 120

Disziplin 78

Ektoparasiten 108

Echinococcus multilocularis 119

Endoparasiten 115

Entwicklungsschema 79

Epilepsie 94

Erbliche Innenohrtaubheit 94

Erfolgreiche Erziehungsmethoden 78

Ernährung 55
- des Welpen 56
- des erwachsenen Hundes 56
- des älteren Hundes 57

Erscheinungsbild 20

Erste Hilfe 122

Erziehungs-, Trainingshilfen und -anleitungen 51

Euthanasie 128

Eye (Starrer Blick) 16

Faltkäfig 39

Fédération Cynologique Internationale 139

Field Trials 137

Flöhe 108

Flugreisen 65

Fremde Hilfe 154

Futtermittelallergie 105

Futternapf 44

Futter stehlen 150

Fütterung 55

Geeigneter Platz im Haus 38

Gehorsamstraining 91

Gesundheitsvorsorge 95

Graben 148

Grundausbildung 91

Hakenwürmer 117

Halsband 44, 83

Hautprobleme 102

Herzwürmer 120

Hogg, James 13

Hüftgelenksdysplasie 94, 100-101

Hütehunde-Wettbewerb 25
Hüteprüfungen 136
Hüteverhalten 16
Identifikation des Hundes 67
Impfplan 97
Insektenstiche 103
Jährliche Gesundheitsvorsorge 99
Jaulen 52
Kauen, Knabbern 53, 147
„Komm"-Kommando 88
Kontrolle 73
Körperliche Bewegung 58
Kotfressen 153
Krallen schneiden 62
Kuhn, Dwight R 112
Lebenszyklus eines Flohs 108
Leckekzem 103
Leckerlis als Belohnung 83
Leinen 43, 83
Lob 78, 82
Milbenbefall 113
Natürliche Neigungen 21
Obedience trials 22
Outrun 16
Pflegeartikel 63
„Platz"-Kommando 86
Pollenallergie 104
Power 17
Probleme vorbeugen 50
Progressive Retina-Atrophie (PRA) 94
Psoroptes bovis 116
Regeln der Erziehung 82
Reinigung der Ohren 61
Reinigungsbedarf 45
Reisen mit Hund 64
Rhipicephalus sanguineus 115, 118
Sexualverhalten 146
Sheepdogs-Trial 135
„Sitz"-Kommando 85
Skelettstruktur 54
Spielzeug 42
Spulwurm 117
Starrer Blick (Eye) 16
Strafe 78
Stubenreinheit 71
Tadel 82
Temperament 18, 30-31
Thomson, Jaime 11
Tierarztbesuch 47
Toxocara canis 117
Trainingsutensilien 83
Trinknapf 44
Unterbringung 66, 72
Verpflichtung des Hundebesitzers 37
Verstand 17
Victoria 12
Vorbeugende Maßnahmen 96
Vorstellung in der Familie 48
Wasser 58
Weinen 52
Welpenprobleme 52
Welpensicherheit zu Hause 46
Wilson, J M 15
Winseln 52
Working Trials 134
Zentral Progressive Retina-Atrophie (CRPA) 94
Zeckenbefall 113
Zeroid Lipofuszinose (CL) 94
Zuchtstandard 26

Mein Border Collie

Kleben Sie das Fotos Ihres Welpen hierher

Name des Hundes ____________________________

Datum ____________ Fotograf ____________________